歴史総合パートナーズ⑩

# 国境は誰のためにある？

―境界地域サハリン・樺太―

中山 大将
Nakayama Taisho

SHIMIZUSHOIN

# 目次

はじめに：ベルリンの壁とトランプの壁...4

1. 国境と国民の時代...16

2. サハリン島は誰のものか？...30

3. なぜ国境は変わり人は動くのか？...58

4. なぜ越えられない国境があるのか？...90

おわりに：〈歴史〉は〈未来〉である...106

## はじめに：ベルリンの壁とトランプの壁

みなさんにとって初めて見た世界史的ニュースとは何でしょうか。1980年生まれの私の場合，それは1989年11月の〈ベルリンの壁崩壊〉[1]でした。この事件は，今や世界史の教科書にも載っている〈世界史的事件〉ですが，当時テレビで一連の報道を見ていた小学生の私は，将来この事件が歴史の教科書に載るだなんてもちろん想像していませんでした。

　しかし，今になってこの事件が載った世界史の教科書を見ると，〈歴史〉とははるか昔のものではなく，〈いま〉と地続きなものだということが実感できます。

　この〈ベルリンの壁〉とは，第二次世界大戦後に始まった〈冷戦〉によりドイツ[2]が東西に分裂した結果，ベルリンというひとつの街の中まで東西に分けられ，人と物の移動をさえぎるためにその境界線上に建てられた壁のことです。

[1]　本書では，強調したい語句や筆者である私自身が提起する用語は〈　〉（欧文は" "）で囲み，他の文献（地図やWeb資料を含みます）からの直接引用（元の文献に書いてあるままを写して書くこと）は「　」で囲んで示しています。なお，本書は基本的に注まで目を通さなくても本文だけ読めば理解できるように書いていますが，補足説明が必要な場合や，より深く知りたい場合には注を参考にしてください。

[2]　本書で言う〈ドイツ〉とは，1871年のプロイセン国王ヴィルヘルム1世（Wilhelm Friedrich Ludwig von Preußen, 1797〜1888年）のドイツ皇帝即位によって成立したドイツ帝国，1918年のドイツ帝国解体以後のドイツ国および1949年にドイツ国が分裂する形で誕生したドイツ連邦共和国（西ドイツ）とドイツ民主共和国（東ドイツ）を指します。〈ナチ・ドイツ〉という場合は，1933年の大統領緊急令によるヴァイマール憲法の事実上停止以降の国家社会主義ドイツ労働者党（ナチ）主導のドイツ国のことを指します。なお，ドイツの名を冠する諸国家を〈独〉と1文字で省略する場合もあります。

はじめに：ベルリンの壁とトランプの壁　5

〈冷戦〉とは第二次世界大戦終結後，政治的には議会制民主主義[※3]，経済的には自由主義[※4]の立場をとるアメリカ[※5]やイギリス[※6]，フランス[※7]などを中心とする〈西〉側陣営と，社会主義[※8]の立場をとるソ連[※9]を中心とする〈東〉側陣営とが，大規模な武力衝突は伴わないものの深刻な対立状態に陥った国際情勢を指します。

ベルリンの壁崩壊は，東西ドイツ間の国境消滅の象徴でした。そして1990年10月に実現した東西ドイツの統一は，半世紀近く続いていた世界規模の冷戦の終結を実感させるものであり，希望に満ちたニュースでした。おおげさに言えば，冷戦が終わり東西対立も終わり，〈世界がひとつになる〉という期待が世界を包みこみました。

しかし，現実は期待通りには進みませんでした。まず，1989年12月にアメリカとソ連の間で冷戦終結が宣言されていましたが，東側世界の中心であったソ

※3 国民から正当に選挙された議員が集まる議会での話し合いを通じて，法律などの国政の重要事項を決定する政治制度のことです。

※4 財（モノなど）やサービスの生産量や消費量，価格などの変動を市場に委ねる経済制度のことです。ただし，実際には完全に市場経済に委ねると様々な不都合（市場の失敗）が生じるため，政府が介入して是正することが一般的です。なお，本書では，〈市場〉と言う場合は原則的に，財やサービスが取引される観念的な空間としての〈しじょう〉を指しており，商品の実物が並べられ交換が行なわれる具体的な場としての〈いちば〉は指していません。

※5 本書では，1776年に独立を宣言したアメリカ合衆国を指します。〈米〉と1文字で略称する場合もあります。

※6 本書では，ブリテン島を拠点とするテューダー朝以降の国家を〈イギリス〉と総称します。現在の正式名称は，グレートブリテンおよび北アイルランド連合王国です。〈英〉と1文字で略称する場合もあります。

※7 本書では，フランク王国以降の，現在のフランス共和国およびその前身となる諸国家・諸政体を〈フランス〉と総称します。

連は弱体化しており，ソ連内の数多くの民族や地域の独立を望む声を抑え切ることができず，ソ連という国家自体が1991年12月には解体しコーカサスや中央アジアの各国，バルト三国などが独立してしまいました。冷戦の終結は国境の増加を招いたのです。さらには，国境の引き直しをめぐって，1990年12月から始まった南オセチア紛争[10]など人命を脅かす武力紛争さえ各地で発生していました。

そして，こうした国境の引き直しを求める声はソ連の領域内だけではなく，ソ連の友好国であった東側諸国の中でも巻き起こっており，1991年6月に始まったユーゴスラビア紛争[11]などの武力紛争やその結果としての国家分裂が繰り返されました。2014年に始まり今でも終結していないクリミア危機・ウク

※8　政治的には，特定の政党（一般的には，〈共産党〉や〈労働党〉に各国名を冠した名称）の指導層に権力を集中する民主集中制（一党独裁体制）を，経済的には，財やサービスの生産量や消費量，価格などを国家が決定する計画経済制度のことを指します。実際には，現在の中華人民共和国のように計画経済制度を実質的に放棄しても民主集中制を堅持するような社会主義国家も存在しています。

※9　本書では，1922年に建国されたソヴィエト社会主義共和国連邦を指します。〈ソ〉と1文字で略称する場合もあります。

※10　ソ連を構成する社会主義共和国のひとつであるグルジア共和国内の南オセチア自治州が1990年9月に自治共和国宣言をしたことで，グルジア人とオセチア人の対立が激化し暴動が発生，軍が動員され紛争に至りました（浦野起央編著『20世紀世界紛争事典』三省堂，2000年，986頁）。

※11　ユーゴスラビア連邦はソ連同様の社会主義共和国の連邦国家でしたが，1989年9月にその中のスロベニア共和国が連邦からの脱退を宣言し，続いて12月にはクロアチア共和国も脱退を宣言，1991年6月には両共和国が連邦からの独立を宣言したため，連邦軍との間で内戦が始まりました（浦野起央編著『20世紀世界紛争事典』三省堂，2000年，1000頁）。

はじめに：ベルリンの壁とトランプの壁　7

ライナ東部紛争[12]も，こうしたソ連解体前後から群発している一連の紛争のひとつなのです。

旧東側諸国でこうした混乱が続く一方で，旧西側諸国ではドイツ統一以降，大きな国境の引き直しや武力紛争は起きていませんでした。それどころか，ヨーロッパではEU（ヨーロッパ連合）という形でヨーロッパ諸国の統合が進みました。その最たるものが，1997年にEUの法律として採用され，1999年に発効したシェンゲン協定です。単純化して言えば，シェンゲン協定の加盟国間の移動にパスポートが不要になったのです。まさに〈ボーダーレス〉化です。

しかし，このEUも近年では〈ボーダーレス〉から〈ボーダーフル〉へと転換しつつあります。ひとつは，東欧や中東，北アフリカからやってくる難民・不法入国者に対する国民の反発とそれに応じた国境管理の厳重化が挙げられます。

また，最終的に反対派がまさったものの，イギリスの一地域であるスコットランドではイギリスからの独立を問う住民投票が2014年に実施されました。また，2017年にスペイン[13]の一地方であるカタルーニャで行なわれたスペインからの独立を問う住民投票では，独立派が多数派を占め独立を宣言したものの，スペイン政府がそれを認めないという事態まで発生しました。さらには，EUの主要国のひとつであるイギリスは2016年の国民投票によってEUからの脱退（"Brexit"）を決定しました。

国境が変わるという現象は，冷戦終結以後にのみ起きた特有の現象でしょうか。たとえば，第一次世界大戦の結果滅んだ大国のひとつであるオーストリア＝ハンガリー帝国[14]は，オーストリア共和国とハンガリー王国に分かれただけではなく，さらに多数の国に分裂しました。そもそも第一次世界大戦の背景にはオーストリア＝ハンガリー帝国が作り出した国境に不満を抱く人々の存在があ

りました。つまり，自分たちの故郷は本来別の国の一部分であるべきであり，自分たち自身も本来は別の国の国民であるべきであり，そしてその国自体を自分たちでこれから作らなければならないと考えていた人々がこの時代にもいたのです。

　近現代史を見ると戦争や条約，大国の弱体化による新国家独立などにより国境はたびたび変わっていることがわかります。

　では，国境の具体的な役割とは何でしょうか。

　現代における国境の主な役割として，関税や入国審査によって外国製品や外国人労働者の数を調整する〈国内市場の保護〉，犯罪者やテロリストの入国や危険物の持ちこみを未然に防ぐ〈治安の維持〉，病気の流入を防ぐ〈防疫〉，外国の侵略を防ぐ前線としての〈国防〉が挙げられます。

　国外へ行くために国際空港・国際港を通過したことのある人なら，パスポー

---

※12　政情が不安定化していたウクライナ国内のクリミア自治共和国で，2014年2月に親ロシア連邦派の武装集団による議会や軍事施設などの占拠が始まり，住民投票を経てクリミアの独立とロシアへの編入が決定され，ロシア連邦もこれを承認しました。また，同じ時期にはウクライナ東部のドネツク州とルハーンシク州でも親ロシア連邦派武装集団による政府機関の占拠や独立宣言がなされ，独立派と反独立派の衝突が起きました。ウクライナ政府はこうした紛争をロシアによる武力侵攻であるととらえ非難しています（「ウクライナに対するロシアの武力侵攻について，10の知っておくべき事実」在日ウクライーナ大使館Webサイト，https://japan.mfa.gov.ua/ja/press-center/news/62845-10-faktiv-pro-zbrojnu-agresiju-rosiji-proti-ukrajini［最終閲覧日：2019年7月31日］）。

※13　本書では，現在のスペイン王国およびその前身となるカスティーリャ=アラゴン連合王国以降の諸国家・諸政体を指します。

※14　オーストリア帝国を母体に1867年に東欧に成立した帝国であり，オーストリア皇帝がハンガリー国王を兼任する同君連合という国家形態を採用していました。領域としては現在のオーストリア共和国，ハンガリー共和国，チェコ共和国，スロバキア共和国，ポーランド共和国，ルーマニアやそのほかの東欧諸国に跨っていました。

トの写真と自分の顔を見比べられたり，関税対象商品や危険物の所持の有無を記入したり，外国で病気にかかったかどうか答えたりしたという経験があるかと思います。

現在の日本[15]は陸上国境が無いので〈国防〉は実感しづらいかもしれませんが，冷戦期にはソ連軍機による日本への領空侵犯[16]やそれに備えた自衛隊機の緊急（スクランブル）発進が頻発していました。北海道の自衛隊駐屯地の近くで幼少期を過ごした私の耳に残っている自衛隊機の空を切り裂く轟音は，〈冷戦の音〉だったのかもしれません。

日本国防衛省統合幕僚監部の発表によれば，自衛隊機の緊急発進は冷戦末期から急減したものの，2005年頃から急増し，今では冷戦期のピークである1984年度の944回を超えるほどとなり，2018年度の年間緊急発進回数は999回で，その3分の2は中国人民解放軍機に対するものでした[17]。平和憲法を掲げる日本国においても領海・領空線の間際では，こうした〈国防〉の駆け引きが日々展開されています。

2017年のアメリカ大統領選挙で当選したドナルド・トランプ（Donald John Trump，1946年〜）大統領は，〈国内市場の保護〉や〈治安の維持〉を強調して支持を集めました。その象徴が隣国メキシコ合衆国からの不法入国防止を目的とした〈トランプの壁〉の設置でした。これは，ボーダーフル化する世界の象徴とも言えるでしょう。

同じ場所にある国境でも，誰が何がどうやって通れるのかは，時期や方向によって常に変化しています。国境研究[18]ではこの通りやすさの度合いを〈透過性〉という言葉で表現します[19]。

なお，この〈国境研究〉という言葉は英語の"Border Studies"の和訳であり，

〈境界研究〉と訳される場合もあります。これは正式には国境とは呼べないけれ
ども，実質的には国境同様の役割を果たしているような境界が存在しているた
めです。そして，国境を含めた境界の位置や透過性が変化することを〈境界変動〉
と呼びます。

　国境は誰のためにあるのでしょうか。なぜ人々は国境の引き直しのために血
を流し続けているのでしょうか。なぜ人々は自由に国境を越えることができな
いのでしょうか。国境は百害あって一利無しの災いの根源なのでしょうか。そ
して国境が変わると何が起きるのでしょうか。

　この問いかけを考えるために我々が生きている近現代という時代の特徴のひ
とつである〈国民国家体制〉に目を向けてみましょう。よりわかりやすい表現
をすれば近現代とは〈国境と国民の時代〉と言い換えることもできます。土地
は国境で切り分けられ，人々は各国の国民に分けられているのです。


※15　本書では，〈日本〉とは，7世紀から現在に至るまで〈日本〉という国号を称し天皇を君主とす
　　　る国家を指します。

※16　〈領空〉とは，〈領土〉および海岸から約22kmまでの〈領海〉の上空のことを指します。ソ連
　　　軍機の領空侵犯や接近は攻撃や挑発のためではなく，日本側のレーダー性能などの防空能力を
　　　検証するために行なわれていたと言われています。

※17　残りの3分の1は主にロシア軍機です。ただし，これらの所属国の識別には推定も含まれていま
　　　す。なお，実際の領空侵犯の公表事例は1962年以降39件で，2018年度は該当する事例はあり
　　　ませんでした。（「統合幕僚監部報道発表資料　平成30年度の緊急発進実施状況について」日
　　　本国防衛省Webサイト2019年4月12日，https://www.mod.go.jp/js/Press/press2019/
　　　press_pdf/p20190412_01.pdf［最終閲覧日：2019年8月5日］）。

※18　この分野の入門書としては，岩下明裕『入門　国境学：領土，主権，イデオロギー』（中央公論
　　　新社，2016年）があります。

※19　ディーナー A.C.，ヘーガン J.（川久保文紀訳）『境界から世界を見る：ボーダースタディーズ
　　　入門』岩波書店，2015［2012］年，90頁。

では，そのことが人々の〈生〉にどのような影響を与えているのでしょうか。

　本書では，まず第1章で〈国境と国民の時代〉とはどのような時代であり，どのように始まったのかについて考えてみましょう。そして，第2章から第4章では，日本とロシア[20]の間で何度も国境が変わったサハリン島を事例にして，国境は誰のためにあるのか，国境が変わると何が起きるのか，ということを考えてみましょう。そして，最後に〈歴史は未来である〉という言葉[21]から，歴史を学ぶことの意味について考えてみたいと思います。

※20 本書では，〈ロシア〉とは，ミハイル・ロマノフ（Михаил Фёдорович Романов，1596～
1645年）が1613年にツァーリに即位して開いたロマノフ朝およびその後継国家であるソ連，
ロシア連邦およびそれらの領土に含まれる地域を指します。なお，本書では，1721年のピョー
トル1世（Пётр I Алексеевич，1672～1725）のインペラートル（ツァーリ以上の権威を
持つ君主の称号で和訳はともに〈皇帝〉）即位以降のロマノフ朝については〈ロシア帝国〉と
呼称する場合があります。ロマノフ朝を〈露〉と1文字で略称する場合もありますが，〈ロ〉と
表記する場合はロシア連邦のことを指します。

※21 なお，この言葉は私自身が歴史研究の中で思い至ったものです。拙著の中の「〈残留〉は歴史の
中にのみ認められる〈過去〉ではなく，〈国境と国民の時代〉が続く限り起こり得る〈未来〉
である」（中山大将『サハリン残留日本人と戦後日本：樺太住民の境界地域史』国際書院，
2019年，315頁）という一節をより一般化したものと言えます。

| 年 | 事項 | サハリン島実効支配 | |
|---|---|---|---|
| | | 北 | 南 |
| 1264 | 【蒙】モンゴル帝国が服属させたサハリン北部の先住民族の要請に応じアイヌと武力衝突 | | |
| 1413 | 【明】明が奴児干（ヌルガン）都指揮使司を設置 | | |
| 1635 | 【日】松前藩士，サハリン島南端に上陸 | | |
| 1689 | 【清-露】ネルチンスク条約 | | |
| 1717 | 【清】『皇輿全覧図』 | | |
| 1787 | 【仏】ラペルーズのサハリン島沿海探検 | 一 | |
| 1805 | 【露】クルーゼンシュテルンのサハリン島沿海探検 | | |
| 1809 | 【日】間宮林蔵の第二次サハリン島沿岸探検 | | |
| 1848 | 【露】ネヴェリスコイのサハリン島沿海探検 | | |
| 1855 | 【日-露】日露和親条約 | | |
| 1858 | 【清-露】璦琿（アイグン）条約 | | |
| 1860 | 【清-露】北京条約 | | |
| 1867 | 【日-露】日露間樺太島仮規則 | | |
| 1875 | 【日-露】樺太千島交換条約 | | |
| 1890 | 【露】チェーホフのサハリン島滞在 | ロシア帝国 | |
| 1899 | 【露】サハリン島漁業仮規則 | | |
| 1904 | 【日-露】日露戦争開戦 | | |
| 1905 | 【日-露】ポーツマス条約，サハリン島南半は日本領樺太に | | |
| 1907 | 【日】樺太庁設置 | | |
| 1910 | 【日-韓】日韓併合 | | |
| 1914 | 第一次世界大戦開戦 | | 日本 |
| 1917 | 【露】ロシア革命（ロシア帝国は解体，内戦を経て1922年ソ連樹立） | | |
| 1920 | 【日-露】尼港事件，北樺太保障占領 | | |
| 1925 | 【日-ソ】日ソ基本条約，北樺太保障占領終了 | | |
| 1943 | 【日】樺太の内地編入 | | |
| 1945 | 【日-ソ】ソ連樺太侵攻，【日】樺太からの緊急疎開・脱出・密航 | | |
| 1946 | 【ソ】南サハリンと千島列島の領有宣言 | | |
| | 【日】サハリンからの引揚げ（前期集団引揚げ）開始（1949年7月終了） | | |
| 1949 | 【日】サハリンからの引揚げ終了 | | |
| 1951 | 【日】サンフランシスコ平和条約調印，樺太領有権放棄 | | |
| 1956 | 【日-ソ】日ソ共同宣言 | | |
| 1957 | 【日】サハリン冷戦期集団帰国（後期集団引揚げ）開始（1959年に打ち切り） | ソ連 | |
| 1976 | 【日】最後のサハリン冷戦期個別帰国者 | | |
| 1988 | 【日】国会におけるサハリン残留日本人についての「自己意思残留者」発言 | | |
| 1988 | 【韓】サハリン残留朝鮮人の韓国への帰国開始 | | |
| 1989 | 【ソ】サハリンの外国人立入禁止区域指定解除，【ソ-米】冷戦終結宣言 | | |
| 1990 | 【日】サハリン残留日本人のポスト冷戦期一時帰国開始 | | |
| 1991 | 【日】サハリン残留日本人のポスト冷戦期永住帰国開始 | | |
| | 【ソ】ソ連解体，ロシア連邦へ | | |

本書関連年表

本書関連地図

# 1. 国境と国民の時代

## 国境と国民の時代はいつ始まったのか？

　日本に〈国民国家〉という言葉を普及させたフランス文学研究者の西川長夫
（1934〜2013年）は〈国民国家〉の特徴として，「国境」「国家主権」「国民」「制
度」「国際秩序」の5点を挙げています[1]。本章ではこの5点から〈国境と国民
の時代〉について考えてみましょう。

　17世紀のヨーロッパでは長年続いた三十年戦争を終結させるために，ある取
り決めが1648年に諸国間で結ばれました。ウェストファリア（ヴェストファー
レン）条約と呼ばれるこの取り決めの要点は，ほかの国の国内問題に別の国は
決して干渉してはいけないという原則です。

　言い換えれば，自分の国のことは自分の国だけで決めることができるという
ことです。これを〈排他的主権〉と言い，この主権を有する国家を〈主権国家〉
と呼びます。そして，「国境」は各国の排他的主権の地理的範囲を示すものとな
りました[2]。

　たとえば，Ａ国の国境の内側で殺人事件が起きた場合，被害者も加害者もＢ
国に暮らす人々でたまたまＡ国滞在中に事件が起きたのだとしても，この事件
はＡ国の法律でＡ国だけが裁くことができるのです。

　「国境」と「国家主権」を相互に認め合う「国際秩序」は，大規模な戦争の犠
牲の上に人類が獲得した平和維持のための智恵とも言えます。

　では「国民」はいつ〈誕生〉したのでしょうか。その象徴的出来事として
1689年にイギリスで発布された権利の章典を挙げることができます。当時イギ

---

[1]　西川長夫「国民国家論」子安宣邦監修『日本思想史辞典』ぺりかん社，2001年，185〜186頁。
[2]　岩下明裕『入門　国境学：領土，主権，イデオロギー』中央公論新社，2016年，74〜76頁。

1. 国境と国民の時代　17

リスを含めヨーロッパには多くの君主制国家が存在しており，そうした君主制国家は君主が権力を独占する絶対王政と呼ばれる政治体制を採用するのが一般的でした。権利の章典は，君主である国王の権力を制限し，国王に従う臣民（国民）の権利と自由を国王に認めさせるものでした。

　このように君主が独占していた権力が徐々に国民に移譲され，平等な権利を有する国民が主権者として国政に参加していくという時代が始まります。

　1789年のフランス革命では君主制自体を廃止することで国民の〈自由・平等・博愛〉を実現しようとしました。革命後のフランスのように君主を廃し平等な権利を持つ国民によって国家が運営される仕組みを〈共和制〉と呼び，〈共和制〉の国家を〈共和国〉と呼びます。

　一方，君主制を維持しつつも，君主の権力を制限し国民に権利が移譲されるように憲法を定める仕組みを〈立憲君主制〉と呼びます。共和制と立憲君主制，資本主義体制と社会主義体制はそれぞれ対になる国家体制ですが，近現代においてはいずれも国民国家体制という点では共通しているのです。

　国民国家体制の発展とともにヨーロッパで新たに重要になった言葉として"nation"があります。日本語では，明治以来この言葉を政治共同体としての側面を強調する場合は〈国民〉，文化共同体としての側面を強調する場合は〈民族〉と訳し分けてきましたが，近年では〈ネイション〉と片仮名で表記する場合も多くなっています。

　それではこの〈ネイション〉という集団の特徴は何なのでしょうか。イギリスの社会学者アントニー・スミス（Anthony D. Smith, 1939〜2016年）はネイションを「歴史上の領域，共通の神話と歴史的記憶，大衆的・公的な文化，全構成員に共通の経済，共通の法的権利・義務を共有する，特定の名前のある

人間集団」[3]と定義しています。言い換えれば，土地，歴史，文化，経済や権利・義務を共有している集団ということです。日本語の〈国民〉という言葉と〈民族〉という言葉の両方を合わせたような言葉であることが理解できるかと思います。

　実は国民国家という言葉は，"nation state"という言葉の翻訳です。つまり，国民国家とは簡潔に言えば〈ひとつの民族，ひとつの国家，ひとつの言語，ひとつの文化〉を理想化した国家であり，それを実現するための学校や軍隊，選挙などの〈制度〉が整備されました。19世紀にイタリア統一に尽力した政治家のマッシモ・ダゼリオ（Massimo d'Azeglio, 1798〜1866年）が言ったとされる「私たちはイタリアをつくった。今や私たちは，イタリア人をつくらなければならないのだ」という言葉はネイションの性質をよく表わしています。民族や国民が国民国家を造るのではなく，国民国家が国民や民族を創るのです。これを「ネイション・ビルディング」とも呼びます[4]。

　そして，国民国家体制とは複数の国民国家が相互の主権を承認し合い共存している〈国際秩序〉と言えます。西ヨーロッパを中心にこうした国民国家体制が育まれ次第に世界全体へと広がっていきました。

## 日本の国境と国民の時代はいつ始まったのか？

　それでは，日本の国民国家化が始まったのはいつなのでしょうか。

　日本が初めて締結した近代的領土条約は，江戸幕府がロシア帝国と結んだ

---

※3　スミス　アントニー D.（高柳先男訳）『ナショナリズムの生命力』晶文社, 1998 [1991] 年, 40頁。

※4　ブルーベイカー　ロジャース（佐藤成基ほか訳）『グローバル化する世界と「帰属の政治」：移民・シティズンシップ・国民国家』明石書店, 2016年, 69頁。

1855年の日露和親条約です。この条約によって，千島列島※5の択捉島と得撫島の間に国境が定められ，日本も国民国家体制の国際秩序に一歩足を踏み入れたと言えます。なお，サハリン島については交渉がまとまらず国境未定のままでした。

　1868年の明治維新により生まれた明治政府は国境の画定に乗り出します。翌年には北海道開拓使を設置し，1875年には，ロシア帝国との交渉の結果，樺太千島交換条約を締結，サハリン島すべてをロシア帝国領と認める代わりに千島列島すべてが日本領であると認められました。1876年には，捕鯨などのために1830年から欧米系やハワイ系の住民が暮らし始めていた小笠原諸島※6の領有権を日本政府が主張し欧米諸国から承認を得ます。琉球王朝は薩摩藩と清帝国※7の双方に服属していましたが，明治政府は琉球を日本の排他的主権領域であるとし，1879年に琉球王朝を廃絶させ，代わりに沖縄県を設置します。

　このように明治政府が発足した1868年の時点では日本の周辺の国境は未画定でしたが，10年以上をかけてようやく一応の国境が画定することになったのです。

　ここでふれておきたいのは，この時期の日本における世界観の転換です。前近代の日本では〈華夷秩序〉が受容されていたとされます。華夷秩序とは，簡潔に言えば，世界を，文明化された〈中華〉と文明化されていない〈夷狄〉に分け序列づけることです。

　この世界観の中では，中華皇帝への夷狄の服属は中華皇帝の徳の深さの象徴であり，その王朝の正統性とみなされました。このため，中国※8の歴代の王朝は，国内政治の安定と充実はもちろん，周辺の集団とそうした君臣関係を結ぶ〈冊封〉にも熱心でした。

江戸時代に現在の福岡県で発見された「漢委奴国王」と刻まれた金印は，西日本に居住していた集団である〈倭〉が1世紀にこの華夷秩序に自ら従い中国の漢朝に服属したことを示す物証とされ，5世紀には「倭の五王」たちが宋朝に服属の意を示すとともに，その見返りに自分たちの政権の正統性を示すための「倭国王」の称号のみならず，朝鮮半島にかかわる「都督倭新羅任那加羅秦韓慕韓六国諸軍事」などの称号まで求め国際外交の駆け引きを展開していたと言われています[9]。

　また，服属を示すために周辺の集団が中華王朝に物品を貢納することを〈朝貢〉と呼びますが，これは中華王朝による周辺の集団からの一方的な収奪ではなく，中華王朝は自身の経済的な豊かさや政治的な優位性を示すために朝貢品を凌ぐ価値の恩賞を朝貢に応じた周辺の集団に与えていました。

　このように，華夷秩序における冊封は，双方に政治経済的利益を与えるものでした。

[5]　〈クリル列島〉とも呼ばれますが，本書では呼称を〈千島列島〉に統一します。

[6]　石原俊「小笠原諸島をめぐる人の移動」吉原和男ほか編『人の移動事典：日本からアジアへ・アジアから日本へ』丸善出版，2013年，10頁。

[7]　本書では，〈清帝国〉とは，北東アジアを活動領域とする女真の国家であった後金の国王ホンタイジが1636年に皇帝を自称した以降の女真（この時点での自称は〈満洲〉）による国家を指します。〈清〉と1文字で略称する場合や，〈清国〉〈清朝〉と表記する場合もあります。

[8]　本書では，〈中国〉と言う場合，特定の国家ではなく，およそ中華人民共和国が領土主張する地域や同地域の大部分を統治下においた諸王朝国家を指し，〈中国人〉という場合は，その地域から中国東北部，新疆，チベット，内モンゴルを除いた地域に数世代にわたり居住している人々を指します。

[9]　冨谷至『漢倭奴国王から日本国天皇へ：国号「日本」と称号「天皇」の誕生』臨川書店，2018年。なお，冨谷は「漢委（倭）奴国王」を「かんのわどこくおう」と読むべきだと主張しています。

1. 国境と国民の時代　21

この華夷秩序を受容した周辺の集団が国家を形成すると，自分たちよりも弱小である周辺の集団を下位に位置づけ服属させていきます。〈小中華〉として振舞うようになるのです。

日本の古代では大和王朝と東北の蝦夷，吉野の国栖など，近世では後述する松前藩とアイヌ，薩摩藩と琉球王朝の関係がこれに該当します。日本の場合，多くの時期において中華王朝に対して朝貢を拒否しており，朝鮮の各王朝や琉球王朝のように中華王朝との安定的な冊封関係にあったとは言えないものの，前近代の日本では世界を中華・小中華・夷狄の三層に分ける世界観自体は成立していたと言えます[10]。

戦国時代に，ヨーロッパからやってきた人々を〈南蛮人〉と呼んだのも，この華夷秩序に由来しています。夷狄を方角に合わせて，東夷，西戎，南蛮，北狄と呼び分ける表現があったからです。

しかし，日本は欧米を範とした近代化を進める中で，今度は欧米の文明観を受容するようになります。世界を，近代化され国民国家体制に組みこまれた欧米を中心とする〈文明〉と，まだ欧米的な近代化を果たしていないものの独自の文明や国家を持った中国やインドのような〈半開〉，そして国家さえ持たない〈未開〉に分け，自分たちを〈文明〉に位置づけ，〈半開〉国家の併合や〈未開〉集団への支配を〈保護〉などの名のもとに正当化していったのです。北海道開拓使設置や琉球処分はこうした世界観の反映と言えます[11]。

では，日本の〈国民〉の範囲はどのように決まったのでしょうか。明治政府は1872年に壬申戸籍を作成しました。公務・商用などで滞在している外国人を除く，日本に在住している人々がその戸籍には記録され，これらの人々が日本国民とされました[12]。

日本国民は均質な国民としばしば言われますが、それは本当でしょうか。

すでに述べたように欧米系やハワイ系の住民が暮らす小笠原諸島は1876年に正式に日本領になり、これらの人々も日本国民に編入されました。つまり、明治初期の段階で、非アジア系の日本国民が存在していたのです。

もちろん、これらの人々は人口的にはほんのわずかに過ぎません。ではそれ以外の国民は均質な集団だったと言えるのでしょうか。

19世紀に青森県で話されていた津軽言葉と鹿児島県で話されていた薩摩言葉は、言語学的には日本語の方言に分類され、津軽言葉と薩摩言葉の間の差は、英語とそれらとの差に比べれば小さいと言えます。しかし、言語学的に同じ言語に分類されているということと、実際に意志の疎通ができることとはまったく別の問題です。

みなさんが日本の学校で学んできた〈国語〉は、標準日本語です。もし、明治維新の段階で津軽の人々と薩摩の人々が何の不自由もなく会話ができたなら、標準日本語なんて必要なかったはずです。標準日本語の存在自体が日本国民という集団が誕生した時点で、お互いの言葉がうまく通じなかったことを表わしています。

広島県から1930年前後に北海道へ移住した私の祖母も、移住後に学校に行ってみたところ同級生の話している言葉が単語から理解できず登校拒否になって

※10 佐々木史郎、加藤雄三「東アジアの境界地域における民族的世界」（佐々木史郎、加藤雄三編『東アジアの民族的世界：境界地域における多文化的状況と相互認識』有志舎、2011年）を参照。

※11 小森陽一『ポストコロニアル』岩波書店、2001年。

※12 以下、近代日本の戸籍制度の歴史については、主に遠藤正敬『近代日本の植民地統治における国籍と戸籍：満洲・朝鮮・台湾』（明石書店、2010年）および遠藤正敬『戸籍と国籍の近現代史：民族・血統・日本人』（明石書店、2013年）を参照しています。

1. 国境と国民の時代　23

しまったと私に語ってくれたことがありました。

　日本国民は最初から均質だったのではなく，明治維新以来均質化の努力が図られてきた結果徐々に均質化が進んだと言えます。この均質化は国民国家化の過程の一部分と言えます。

## 〈民族〉は自然科学的に定義できるのか？

　均質性ということで遺伝子の問題についても考えてみましょう。〈日本人〉[13]は自然科学的に定義可能なのでしょうか。言い換えれば，日本人全員が持っていて，なおかつ日本人しか持っていない遺伝子が存在するのでしょうか。

　最新のDNA人類学の成果によればそうした遺伝子の発見は難しいようです[14]。たとえば，父系で遺伝するY染色体の型から分析すると，日本人の半数近くは，韓国人[15]や中国人の半数以上が属する型に属するのです。このことが意味するのは，日本人の半数近くは，父系の先祖をたどっていくと残り半数の日本人との共通の祖先よりも先に韓国人や中国人の7〜8割と共通する祖先に行きつくということです。

　奇異に思えるかもしれませんが，現在の京都にあたる平安京への桓武天皇（737〜806年）による遷都が行なわれる以前に，中国から渡来したという秦氏の一族がすでに同地域における有力氏族になっていたことや，桓武天皇の母親も朝鮮半島から渡来した集団の出身であったこと[16]を考えれば，それほど不思議ではないかもしれません。

　現代日本人は遺伝的に均質な集団などでは決してないのです。そして同時に，このことから日本人に限らずあらゆる〈民族〉というものが自然科学的に定義できないことも想像できるかと思います。

24

現生人類（*Homo sapiens sapiens*）[17]は約6万年前にアフリカを出て世界各地に広がっていったと言われています。しかし，人類がアフリカから各地へ移動し，大きくなった集団が小集団へと分裂してそのまま各民族になり，その民族内部でのみ子孫を残してきたわけではないのです。人類は絶え間なく集団間で交流を繰り返してきたことをDNA人類学は明らかにしています。

　たとえば，文献史学[18]ではヨーロッパとアジアを初めてつないだのは，紀元前2世紀のシルクロードだというのが通説とされてきましたが，DNA人類学の

---

※13　本書では，〈日本人〉とは，江戸時代の幕藩体制において幕府や藩によって直接統治されていた人々およびその子孫を指しています。

※14　DNA人類学の成果については，篠田謙一『DNAで語る日本人起源論』（岩波書店，2015年）を参照しています。

※15　本書では，〈韓国人〉とは，1897年から1910年にかけては大韓帝国に属する人々，1948年以降は大韓民国国籍者を指します。なお，大韓帝国とは，下関条約によって清帝国と朝鮮王朝の冊封関係が解消されたため，朝鮮国王が皇帝に即位することで1897年に生まれた国家です。大韓帝国は，1905年には日本の保護国になり，1910年には日本に併合され消滅しました。

※16　坂上康俊『律令国家の転換と「日本」』講談社，2009（2001）年，21，38頁。京都の太秦にある広隆寺は，秦氏の秦河勝（生没年不詳）が603年に建立した京都最古の寺とされています。また，桓武天皇の母親が百済の武寧王（462〜523年）の子孫であることについては，現在の上皇（明仁，1933年〜）も公の場で発言をしています（「天皇陛下お誕生日に際し（平成13年）」宮内庁Webサイト，http://www.kunaicho.go.jp/okotoba/01/kaiken/kaiken-h13e.html［2017年10月3日最終閲覧］）。

※17　現在の世界に生きている人類およびその祖先のことを指し，原人やネアンデルタール人（*Homo neanderthalensis*）などは含みません。本書では，本シリーズ第1巻（上田信『歴史総合パートナーズ1　歴史を歴史家から取り戻せ！：史的な思考法』清水書院，2018年，79〜80頁）にならって，動植物については学名を表記するようにし，その場合はラテン文字斜体で示します。

※18　〈文献史学〉とは，書類や石碑など文字で残された資料を基に歴史を研究する方法です。現存している遺跡などを基に研究する考古学や，人々の語りを研究資料とするオーラル・ヒストリー（口述史）など，歴史研究には文献史学以外にも様々な方法が用いられています。

分析の結果，北欧で見つかった3000年以上前の人骨の中からはアジア発祥の遺伝子が発見され，中国西部で発掘された人骨群の分析からは，5000年前には同地域の人々の中にヨーロッパ系集団の遺伝的影響があることが指摘されています。シルクロードよりはるか以前にアジアとヨーロッパの間で人々の往来があり，遺伝子の交流も存在していたのです。

　つまり，我々が〈国民〉とか〈民族〉とか呼んでいる集団は自然科学的根拠を基に区別できるほど〈純粋〉な存在ではなく，また歴史もそれほど長くはなく，〈ネイション〉という集団は17世紀以降の国民国家化の中で政治的に創り出されたものと言えるのです。

　アメリカの政治学者ベネディクト・アンダーソン（Benedict Richard O'Gorman Anderson, 1936〜2015年）は，これを「想像の共同体」と呼んでいます[19]。〈国民〉も〈民族〉も〈ネイション〉も我々の頭の中にしか存在しない〈想像〉上の存在だということです。

　以下でも〈民族〉と〈ネイション〉という表現を用いますが，それは当時その存在が〈想像〉されていた集団のことです。なお，〈国民〉については，ある国家の国籍を持っている人々なので，厳格な法的定義が可能です。


## 国境と民族は常に一致してきたのか？

　〈国境と国民の時代〉について最後にお話ししておきたいのは，〈ひとつの民族，ひとつの国家〉を理念として掲げておきながら，国民国家がその領土を拡大し，新しい国境の中に文化的にも言語的にも異質な集団を抱えこんでしまうことがあることです。

　日本の場合，1895年の下関条約で台湾島を，1905年のポーツマス条約でサ

ハリン島南部を，1910年の日韓併合で朝鮮半島を自国領として併合します。この結果，日本は国家全体としてさらなる民族的多様性を抱えこむことになります。

　しかし，国民国家にとって民族的多様性は本来は避けるべき矛盾なのです。この矛盾を正当化するために，言語・文化的に日本人化させてしまう〈同化〉政策が採られたり，もともとそれらの集団と日本民族は同じ民族だったのだという〈同祖論〉が唱えられたり，様々な方法が試みられましたが，そもそも新たな国境自体に不満を抱く人々も当然現われます。

　たとえば，1919年に日本領朝鮮で起きた3・1独立運動では，朝鮮人も朝鮮人の国民国家を持つべきだという主張が朝鮮人知識人を中心に表明されました。また，一部の朝鮮人は国境を越えてソ連や中華民国[20]へ逃げこみ日本に対する独立運動を展開し続けました。

　こうした現象は日本だけではありませんでした。イギリス，フランス，スペイ

---

※19　アンダーソン　ベネディクト（白石さや・白石隆訳）『定本　想像の共同体：ナショナリズムの起源と流行』書籍工房早山，2007［1983］年。

※20　1911年に辛亥革命を起こし清帝国を打倒した勢力は，革命家の孫文（孫中山，孫逸仙，1866〜1925年）を臨時大総統に迎え1912年に新たに中華民国臨時政府を樹立しました。当初，中華民国は名目上は清帝国の支配領域を領土として継承していたものの，日中戦争による疲弊から中国共産党との内戦に敗退し大陸部から撤退，1949年には実効支配地域は，台湾島と澎湖諸島，金門島，大陳島などを残すのみとなりました。現在の日本で〈中国〉という場合は，1949年に北京で中央政府成立を宣言し1971年には国連で“China”の代表権を承認された〈中華人民共和国〉のことを指し，中華民国は〈台湾〉と呼ばれるのが一般的になっています。これは，日本政府が外交上，中華人民共和国の正当性を承認して1972年に国交を結ぶと同時に，中華民国とは断交し国家として認めなくなったため，地域名称で呼ぶようになったからです。同様に，国交が無いために地域名称で呼ばれることが通例化している国家として，〈北朝鮮〉と呼ばれる朝鮮民主主義人民共和国があります。本書では，同国については略称として〈北朝鮮〉という一般的呼称を用いることとします。

1. 国境と国民の時代　27

ン，オランダ※21などの国々はアジアやアフリカに多くの領土を持っていましたが，それらの地域の人々は国民国家体制が国際秩序とされているにもかかわらず自分たちの国民国家が存在しないことに疑問を抱き，自分たちの国民国家の建設を望むようになります。

独立運動には，言論によるものもあれば，武力闘争によるものもあり，人々は様々な方法で自身の国民国家建設を試み，時には生命さえ捧げたのです。

最終的には第二次世界大戦によって各大国が弱体化したことで，世界各地で新しい国民国家が生まれました。歴史研究ではこうした国家を〈ポストコロニアル国家〉と呼びます。〈植民地が終わった後にできた国家〉という意味です。

しかし，ソ連の解体前後と同様にその新しい国境にも不満を覚える人々が現われます。たとえば，イギリス領であったインドは1947年にイギリスからインド共和国として独立しますが，この時にイスラム教徒が多数派を占める地域はパキスタン（のちのパキスタン共和国）として分離してしまい，さらに1971年にはパキスタン共和国（現在のパキスタン・イスラム共和国）からバングラデシュ人民共和国が独立してしまいます。

そもそもイギリス領インドの領域は1858年まで存在していたムガル帝国の領域と重なっています。そのとてつもなく長い国境の内側に住む人々の間では言語・文化・宗教的な多様性や差異が大きすぎたために，すべての人々を〈インド〉というネイションとして統合することに失敗したとも言えます。

また，世界中のすべての民族が独立したわけではありません。だからこそ，前述の通り21世紀になってもスコットランドやカタルーニャで独立を問う住民投票が実施されているのです。

こうした現象は日本も例外ではありません。琉球民族という民族が存在し日

本から独立して琉球民族の国民国家を建設すべきだと主張する人々がいる一方
で，琉球民族は存在せず沖縄の人々はすべて日本民族の一部分だと考える人々
もいます。

　こうした背景には，どこまでを個別のネイションと認定するのかについて，
時代や地域，個々人によって見解が大きく異なってしまうことがあります。ネ
イションとは自然に〈在る〉ものではなく，人間が頭の中で〈創る〉ものだか
らです。

　次章以降では，サハリン島を事例に，より具体的に，国境は誰のためにあるの
か，国境が変わると何が変わるのか，について考えてみましょう。

---

※21 ここでは，ネーデルラント連邦共和国以降の，現在のネーデルラントおよびその前身となる諸
　　　国家・諸政体を〈オランダ〉と呼んでいます。

## 2. サハリン島は誰のものか？

## サハリン島の半分はなぜ白いのか？

　日本の学校で使われている地図帳の国別に色分けされた世界地図のページを開くと北海道の北側には細長いサハリン島があり，その南半分が白くなっています（図1）。なぜ，白いのでしょうか。ある地図帳では「樺太の北緯50度線以南の地域はかつて日本が領有していたが，現在は帰属が未定になっている」[※1]という説明があります。サハリン島南部は日本領ではないけれど，どこの国の領土かまでは明言しないという日本政府の立場が反映されているのです。

　一方で私がロシアで買った地図[※2]でサハリン島のページを見ると，サハリン島全部が同じ色で塗られ，サハリン島と北海道の間に国境線を示す線が引かれています（図2の左側の地図下方の海上の破線）。つまり島の全部がロシアの領土であることを示しています。また，中華人民共和国で買った地図帳[※3]を開い

図1　現在の高校生向け地図帳の中のサハリン島

※1　帝国書院編集部編『新詳高等地図』帝国書院，2018年，94頁。
※2　Малый Атлас России, Москва: Росмэн, 1999, с71.
※3　中国社会科学院《中国歴史地図集第八冊》中国地図出版社，1987年。

てみるとやはりロシアの地図帳と同じです（図3）。

　北海道本島の東方（地図では右側）にある〈北方領土〉まで目を向けると，

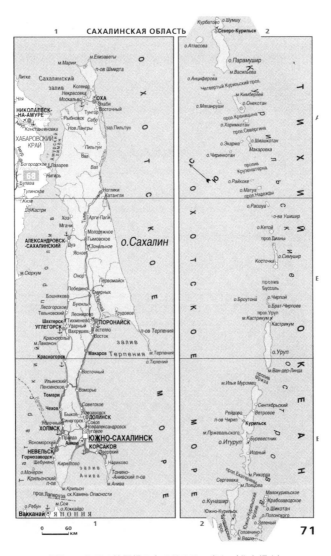

図2　ロシアの地図帳の中のサハリン島と〈北方領土〉

日本の地図帳では択捉島と得撫島の間に,ロシアの地図帳では国後島,歯舞群島と北海道本島の間に国境を示す線が引かれています(図2の右側の地図の最下部にある2本の破線。左側の文字と重なっている破線の左にあるのが北海道の知床半島,右側の破線の下にあるのが納沙布岬)。ただし,中華人民共和国で1987年に出版された地図帳では島の上に「苏占」と記されています。これは「ソ連(苏=蘇)が占領している」という意味です。

このように,地図帳は多くの場合,発行地の政府の領土主張や領土認識が反映されており,同じ地域の地図でも国境線の場所や領域の塗り分け方が異なっているのです。ただし,国民のすべてが自国政府の領土主張や領土認識に同意しているわけではありません。

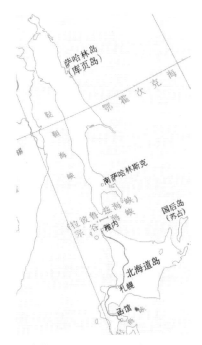

図3　中華人民共和国の地図の中のサハリン島

2. サハリン島は誰のものか？　33

日本政府は1952年のサンフランシスコ平和条約の発効とともに樺太（サハリン島南部）の領有権を放棄しましたが，日ソ国交正常化交渉が開始されると，樺太にかつて住んでいた日本人たちの一部が〈南樺太返還期成同盟〉を結成し，樺太は古くからの日本の固有の領土であると主張してソ連からの領土返還を求める運動を展開しました。なお，こうした〈樺太島日本固有領土論〉自体は日本領時代から存在していました。

　また，それに先立ち日本の樺太領有権放棄が決定されると，中華民国の歴史研究者の中からサハリン島は中国の固有の領土であるという〈庫頁島中国固有領土論〉が現われました[※4]。この〈庫頁島〉とは，サハリン島の中国名です[※5]。

　もちろん，ロシアはサハリン島全体の領有権を主張しており，かつての国境地帯であった北緯50度線に1995年に建てられた記念碑にはロシア語で「1945年8月11日，ソ連軍がこの国境地帯を越えてロシアの固有の領土である南サハリンを侵略者日本から解放した。」と刻まれています（図4）。これは〈サハリ

図4　南サハリン解放記念碑（ロシア連邦サハリン州）

ン島ロシア固有領土論〉の一例と言えるでしょう。

　サハリン島は誰のものなのでしょうか。まず，最初にサハリン島を見つけた
のは誰なのかについて考えてみましょう。


## 人類最初のサハリン住民は誰か？

　すでに述べた通り，現生人類の一部は約6万年前にアフリカを出て世界各地
へ広がりました。これらの人々が，アフリカ以外の大陸や島嶼に暮らす人々の
祖先となるのです。サハリン島に最初に到達したのが誰なのかを確定すること
は困難です。なぜならばいくらサハリン島で発掘を進めても，それが本当に最
初にサハリン島に来た人の骨かどうか確認はできません。我々が知ることがで
きるのは，現段階で発掘された最も古い骨であり，将来的にはもっと古い骨が
見つかるかもしれないからです。

　現段階で最も古い人骨群を仮に〈原初サハリン人〉と呼び骨からDNAを抽出
し分析してみれば，その子孫に該当するグループが判明するはずですが，DNA
人類学の知見によれば，〈原初サハリン人〉の子孫は，現在の日本にも広範囲に
分布していると考えられます。

　アイヌと沖縄の人々を除く現代の「本土日本人」のDNA分析からは，本土日
本人の2％がロシアの沿海州の先住民族と同じグループのDNAを持っていると
いう結果が出ています。さらに，このDNAはサハリン島経由で日本列島へとも

---

※4　以下，〈庫頁島中国固有領土論〉については，中山大将「中華民国および中華人民共和国にお
　　けるサハリン樺太史研究：台湾と大陸における庫頁島中国固有領土論の系譜」（『近現代東北ア
　　ジア地域史研究会News Letter』第29号，2017年）を参照しています。

※5　中華人民共和国の用いている漢字（簡体字）では，〈库页岛〉と表記されます。ただし，近年は，
　　図3のように〈サハリン〉を音訳した〈萨哈林（薩哈林）〉という表記も見られます。

2. サハリン島は誰のものか？　35

たらされたと考えられます[6]。そうだとすると，少なくとも現代日本人のうち約260万人が原初サハリン人を遺伝的祖先に持つ可能性があるのです。

なお，「少なくとも」と書いたのは，上記の分析では母系での遺伝関係しか検出できないため，原初サハリン人を遺伝的祖先に持っているにもかかわらず，それが父系の祖先であるためにその遺伝情報が受け継がれていない人々もいる可能性があるからです。

n世代前の祖先の人数は何人でしょうか。これは2の階乗，つまり$2^n$人となります。nに具体的な数字を入れて計算してみれば，これがあっという間に膨大な人数になることがわかると思います。もちろん，イトコ婚，ハトコ婚などを考慮したモデルでは人数は激減するものの，それでもきっとみなさんの想像を超える数になると思います。数世代以上前から日本列島に住む人の場合，その膨大な遺伝的祖先の中に原初サハリン人がひとりも含まれていないと考えるほうが不自然なくらいかもしれません。

現在見つかっているサハリン島最古の人類の居住痕跡は約2〜2.5万年前のものであり，その頃はまだ最終氷期にあたり海水面が低かったため現在のサハリン島の陸地部分は対岸と陸続きだったので，そもそもサハリン〈島〉が存在していませんでした。

これは屁理屈に聞こえるかもしれませんが，実は重要な視点です。後で論じるようにそもそもサハリン島が〈島〉であると最初に知ったのは誰だったのかということも考えなければならないからです。


## 最初にサハリン島を記録したのは誰か？

サハリン島に最初に到達した人が誰かを特定することは困難だということが

わかりました。では，サハリン島を最初に記録に残したのは誰だったのでしょうか。

　中国で紀元前4〜紀元3世紀に編纂されたと考えられている地理書『山海経』にサハリン島に関する最古の記録があるという説があります。これは庫頁島中国固有領土論の根拠のひとつとなっています。

　ただし，『山海経』に序と注をつけた郭璞（字は景純，276〜324年）が同書には「荒唐無稽にして奇怪奇抜な言葉が多い」[7]として非現実的な記述が多いことを認めているように，『山海経』の編纂者が直接現地を確認した確証はありませんし，伝聞だとしてもその来歴は不明確で，記述も曖昧なことから，同書をサハリン島に関する最古の記録だと認めるのは妥当ではないでしょう。

　なお，日本では『山海経』が〈樺太島日本固有領土論〉の根拠として挙げられることがありますが，その際に挙げられる一文は，実際には『山海経』の中には見当たりません[8]。

---

※6　篠田謙一『DNAで語る日本人起源論』岩波書店，2015年，129〜130，134〜135頁。

※7　郭璞（高馬三良訳）「山海経序」『抱朴子 列仙伝 神仙伝 山海経』平凡社，1969年，455頁。

※8　たとえば，後述する日本領樺太の現地政府機関である樺太庁が編纂した『樺太庁施政三十年史』では，『山海経』の中の「北倭起于黒龍江口（倭の最北部は黒龍江の河口から始まる）」という一文を根拠に，黒龍江（アムール川）の河口以南が日本（倭）領であるという認識を中国が持っていたと述べられています（樺太庁編『樺太庁施政三十年史』樺太庁，1936年，1頁）が，『山海経』にはこのような一文はありません。また，『山海経』には中国の戦国時代（紀元前5〜紀元前3世紀）の七大国のひとつである燕に倭が服属していたという記述「倭属燕（倭は燕に属す）」があり，同書の記述を領有論争の根拠にする論法では，現代の日本も中国領になってしまいます。また，『樺太庁施政三十年史』に樺太庁長官が書いた序文には，「顧みれば本島が蝦夷地として我が国人に知られたのはあまり古いことではない。江戸時代には松前藩の家臣が視察したこともあり，幕吏が探検を試みたこともあった。」と記されており，江戸時代より前の日本ではサハリン島に関する知識がきわめて乏しかったという認識が示されています。

サハリン島に関するより具体的な文字資料として，元朝の正史である『元史』の記述があります※9。これによれば，13世紀初頭以降モンゴル高原から中国北部や中央アジア，そして北東アジアへ勢力を拡げたモンゴル帝国（中国地域がのちの元朝）はアムール川河口や対岸のサハリン島北部の先住民族を服属させ，さらには北海道から北進してきた「骨嵬」（アイヌ）の侵攻を受けたサハリン島北部の先住民族の「吉里迷」（ニヴフ）がモンゴル帝国に援軍を求めたため，1264年にモンゴル帝国とアイヌの間に武力衝突が始まり，1308年にアイヌが元朝に服属することになったと考えられます。

　また，明朝がアムール川下流域の先住民族を管理するために奴児干都指揮使司を設置したのとあわせて現地（現・ティル村）に1413年に建立した永寧寺の石碑（勅修奴児干永寧寺記）には，元朝衰退後に明朝がサハリン島の住民を服属させたという記述があります。

　なお，前出の「骨嵬」は現地先住民族の発音を漢字に転写したもので，もともとの発音はラテン文字では"kuyi"や"kui"と書けます。サハリン島の中国名である〈庫頁島〉の現代中国語での発音をラテン文字で書くと"kuye-dao"となることからわかるように，〈庫頁島〉という呼称は先住民族の言葉に由来しています。

　現存する文字資料の限りでは，モンゴル帝国や中国がサハリン島の住民と最初に関係を築いた〈国家〉と言えるでしょう。これもまた庫頁島中国固有領土論の有力な根拠のひとつとなっています。

　ただし，注意してほしいのは最初にサハリン島を〈発見〉したのが〈モンゴル人〉や〈中国人〉では決してないということです。服属させたということはすでにサハリン島に人間が住んでいたことを示しているからです。しかし，こ

れらの人々は文字資料を残していないので，やはり誰がいつ最初にサハリン島に来たのかはわかりません。また，服属させたからと言って中国人がサハリン島に移住を始めたわけでもありません。

## 人類はいつサハリン島が〈島〉だと知ったのか？

さて，18世紀の中国側の記録には，サハリン島は「東の海島」などと表現されており〈島〉と認識されていたことがわかります[10]。しかし，だからと言って，当時の中国の人々や現地の住民が，我々が地図帳で見ているようなサハリン島の形を知っていたとは限りません[11]。

それを示す例が，1717年に中国で作製された『皇輿全覧図』という地図の中の「黒龍江口図」です（図5）。この地図にはアムール川の河口の沖合に大きな島が描かれています。これはサハリン島を描いたものです。しかし，よく見ると北緯50度線（図中枠内の上から10番目の横線）以南は海になってしまっています。北緯50度線以南は，のちに日本領樺太になるはずですから，この地図は不正確だと言えます。

なぜこんな地図になったのでしょうか。この地図は，清帝国調査隊による北緯50度以北の現地踏査と，サハリン島北部の住民から得た情報を基に地図を作

---

※9　以下，元朝，明朝とサハリン島の関係については，中村和之「骨嵬・苦兀・庫野：中国の文献に登場するアイヌの姿」（佐々木史郎，加藤雄三編『東アジアの民族的世界：境界地域における多文化的状況と相互認識』有志舎，2011年）を参照しています。

※10　中村和之「骨嵬・苦兀・庫野：中国の文献に登場するアイヌの姿」佐々木史郎，加藤雄三編『東アジアの民族的世界：境界地域における多文化的状況と相互認識』有志舎，2011年，139頁。

※11　以下，サハリン島をめぐる地理的発見については，秋月俊幸『日本北辺の探検と地図の歴史』（北海道大学図書刊行会，1999年）を主に参照しています。

2. サハリン島は誰のものか？　39

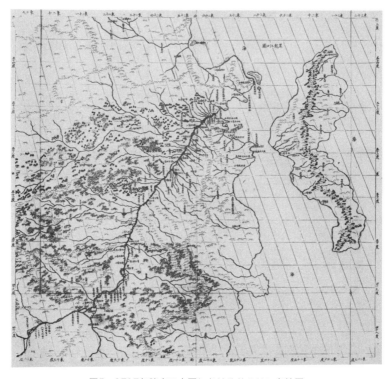

図5　1717年時点の中国におけるサハリン島地図

製したと考えられています[※12]。これらの住民も生活圏がサハリン島全体ではないので、北緯50度線以南について詳しく知らなかったため具体的情報が無く、この地図では陸地を描けなかったものと思われます。

　この地図で川に着目すると面白いことに気づけます。地図に描かれた島の南部にほとんど川が描きこまれていないのです。川は真水の供給源であるだけではなく、場所によっては遡上（そじょうぎょ）魚などが獲（と）れる食料供給源であり、内陸部に入っていくための道にもなるので、先住民族にとってはたいへん重要な地理情報であったはずです。それが一切描きこまれていないということは、やはり南部の

図6　1734年時点のヨーロッパの地図の中のサハリン島

※12　松浦茂『清朝のアムール政策と少数民族』京都大学学術出版会，2006年，68〜72頁。

2. サハリン島は誰のものか？　41

地理的知識が無かったことを示していると考えられます。

　次にその十数年後にヨーロッパで作製された地図を見てみましょう（図6）。この地図でもアムール川の河口に先ほどの中国の地図とそっくりな島「サハリン・アンガ・ハタ（SAGHALIEN ANGA HATA）」が描かれており，やはり北緯50度線以北までしか島は描かれていないことから，中国とヨーロッパで地理

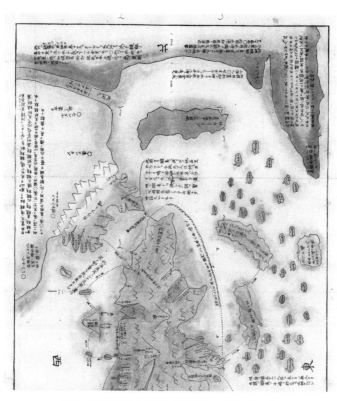

図7　1785年時点の日本の地図の中のサハリン島

の知識が共有されていることがわかります。なお，この「サハリン・アンガ・ハタ」という名前はサハリン島北部の住民の言葉に由来すると言われています。

この地図は中国の地図より広い地域が描かれています。本州の北に，北海道に相当する「エゾガシマ（JEDSO GASIMA）」という名前の陸地が描かれ，その「エゾガシマ」の北にはもうひとつの陸地が描かれています。

興味深いのは，「エゾガシマ」もその北にある陸地も島ではなく半島のように描かれていることです。これは，日本海側については具体的な地理の知識が蓄積されているものの，太平洋，オホーツク海側の地理の知識がまだ不充分であったことを示しています。

このように18世紀前半の段階では中国人もヨーロッパ人も，またおそらく現地の住民も今の我々が知っているサハリン島の形をまだ知らなかったのです。

では日本人はどうだったのでしょうか。このヨーロッパの地図の約50年後に日本で作製された地図を見てみましょう（図7）。不正確な形ですが，本州の北にある「蝦夷」は図の下方から中央へ延びる形でしっかり島として描かれています。これが現在の北海道本島です。そしてこの島の北東部には千島列島も描かれています。アムール川の河口にも「サガリイン」と呼ばれる島が描かれています。アムール川の河口に島があるという情報が日本にも伝わっていたことがわかります。

興味深いのは「蝦夷」の北西に「カラフト嶋」という半島が描かれていることです。北海道の北側にある陸地のことを現地のアイヌの言葉を借りて「カラフト」と呼んでいたのです。また，この段階では「カラフト」が島だという認識が無く，アムール川の河口にある島「サガリイン」とはまったく別の半島だと認識されていたこともわかります。

2. サハリン島は誰のものか？　43

日本のサハリン島進出についてはすでに1635年に松前藩士[13]がサハリン島南端に上陸しています。ただし，これは北方守備が目的であり，一般定住者[14]が発生したわけでありません。この段階では「カラフト」は島ではなく半島だと思われており，それから100年以上経った後も，「カラフト」と「サハリン」は別々の陸地だと思われていたのです。

　お気づきかと思いますが，サハリン島に「サハリン」と「カラフト」という異なる呼び名があるのはこのことに由来しています。

　このふたつがひとつの島であると認識されるようになるのは，次節で述べるように18世紀の末になってからでした。


## 間宮海峡を発見したのは間宮林蔵なのか？

　日本の地図帳ではサハリン島と対岸の間の海峡は「間宮(まみや)海峡」と呼ばれています。しかし，ロシアの地図帳には〈マミヤ〉という言葉は見えません。「間宮海峡」は「ТАТАРСКИЙ ПРОЛИВ（タタール海峡）」と記されています（図2）。中国の地図では「韃靼海峡」と表記されています（図3）が，この「韃靼(だったん)（韃靼）」は〈タタール〉の意味ですから，ロシアと同じ呼び方をしていることがわかります。

　これは命名当時，大陸側部分が〈タターリア（タタール人の土地）〉と呼ばれていたためです。この地域を〈韃靼〉と呼ぶことは日本側にも共有されており，農民出身で幕府の役人であった間宮林蔵（1780～1844年）がサハリン島探検から帰った後に書いた本の名前『東韃(とうだつ)地方紀行』からもそのことがわかります。

　なぜ日本以外の国ではこの海峡を「間宮海峡」と呼ばないのでしょうか。

　日本では間宮林蔵が1809年に〈発見〉したから間宮海峡と呼ぶと説明され

る場合が多いのですが，アムール川の河口沖合の陸地とユーラシア大陸の間に海峡があるという地理認識は18世紀前半には中国やヨーロッパで共有されており，それが地図にも反映されていたのはすでに見た通りです。

　1787年，フランス海軍のジャン・フランソワ・ラペルーズ（Jean François de Galaup, comte de La Pérouse, 1741〜1788年）は，日本海から船で大陸沿岸を北上後に従来陸地が無いと思われていた北緯50度線以南の海域を東進しようとしたところ，あるはずのない陸地に遭遇しました。上陸して現地住民らから情報を収集した結果，サハリン島が実際には北緯50度線より南にも伸びているという結論に至りました。それから間宮海峡の北上を続けましたが，水深が浅くなったため，それ以上の北上を断念しました。

　現地住民の情報から海峡が存在していると確証した後，今度はサハリン島の最南端の確認に向かいます。この時に宗谷海峡を通過したため，ヨーロッパでは宗谷海峡は〈ラペルーズ海峡〉と呼ばれるようになり，現在の中国の地図でも同様の呼ばれ方（「拉彼鲁兹海峡」）がされています。

　ラペルーズの探検隊の成果はヨーロッパへもたらされ，1797年に『ラペルーズ世界周航記』として刊行されました。その中の地図（図8）では，かつてのヨー

※13　松前藩とは，江戸時代に存在していた藩のひとつで，現在の北海道の松前町周辺を拠点にしていました。他藩とは異なり，この地域では当時の農業技術水準では米をはじめとした農産物の充分な収穫が期待できなかったため，アイヌとの交易によって藩の財政を維持することが認められていました。そのため北海道沿岸部を中心にアイヌとの関係を深めていきますが，18世紀末にはアイヌが中国やロシアとも関係を深めていることを警戒し始めた幕府による蝦夷地の直轄地化が進められ，松前藩の立場は不安定になっていきました。

※14　本書で〈定住〉という場合は，一定の地域内に複数年にわたり居住することを指し，〈移住〉という場合は期間の長短を問わず，外部からやってきて一定の地域内で居住していることを指します。

2. サハリン島は誰のものか？　45

ロッパの地図で描かれていた北海道の北側にあった陸地とアムール川の河口沖合の陸地がつなげられ，ひとつの島として描かれました。そしてこの地図では大陸とサハリン島の間の海峡は「タタール海峡（MANCHE DE TARTARIE）」と呼ばれています。「間宮海峡」という名称よりも「タタール海峡」という名称のほうが先に地図に記されていたのです。

なお，後述するポーツマス条約の日本語版[※15]では「間宮海峡」ではなく，「韃靼海峡」という表現が用いられており，日本政府による同海峡の呼称も一貫し

図8　1797年時点のラペルーズの情報を基にした地図の中のサハリン島

たものではないことがわかります。

　19世紀に入ってロシアの現地調査隊は誤った地理認識をヨーロッパに広めてしまいます。ロシア海軍のイワン・フェドロヴィッチ・クルーゼンシュテルン（Иван Фёдорович Крузенштерн, 1770～1846年）らの調査隊は1805年にサハリン島の北端を回って北側から間宮海峡を通過することで海峡の存在を実証しようとしましたが，ラペルーズ同様に水深が浅くなったため船でそれ以上進むことができませんでした。

　そこで，周辺海域の水の比重を調べると海水よりはるかに軽くなっており，その原因がアムール川から注ぎこむ淡水の影響にあるとクルーゼンシュテルンは推測しました。そして，もし海峡になっているなら南から絶えず海水が流れこみ淡水と混じり合い，比重はもっと海水に近いはずなので，かつては18世紀の中国の地図のように海峡があったのかもしれないが，アムール川から流れこむ土砂の堆積によって，そこより南のどこかでサハリン島は大陸とつながってしまい半島になっていると断定してしまったのです。

　一方で間宮林蔵は1809年に現地のニヴフやアイヌの協力を得てサハリン島西海岸沿いにニヴフたちの舟で間宮海峡を北上しました。ラペルーズやクルーゼンシュテルンが通れなかった最狭部も通過し，サハリン島の北西端近くまでたどりつきましたが，海が荒れているため自分たちの舟ではそれ以上北上するのは不可能と判断しました。

　このため，そこより北でもしかしたら大陸とつながっているかもしれないという疑念が残ってしまいました。そこで，間宮林蔵は陸路で一度東海岸まで出

※15 「日露講和条約及追加約款」国立公文書館（http://www.archives.go.jp/ayumi/kobetsu/m38_1905_02.html ［最終閲覧：2016年4月26日］）

2. サハリン島は誰のものか？　47

てそこから北端を回ってサハリン島がどこも大陸と陸続きになっていないことを確認しようとしましたが、同行のアイヌたちの同意が得られず断念しました。

　この一件は、間宮林蔵のサハリン探検が間宮林蔵ひとりの、あるいは〈和人〉※16だけの力では決して成し得るものではなく、先住民族の協力が不可欠で

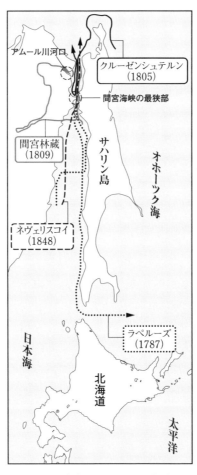

図9　探検家たちの大まかな経路

あったことも示しています。

　間宮林蔵は北端を回り切ることになぜこだわったのでしょうか。それは，その部分について，日本側は自分たちの現地調査による情報を持っていなかったため，ヨーロッパ側の情報に依存していたからだと考えられます。自分たちの力だけでサハリン島の地図を描くには，どうしてもサハリン島の北端を確認する必要があったのです。

　しかし，間宮林蔵の現地踏査と測量の成果，そして従来のヨーロッパ側の情報をつなぎ合わせることにより，北海道の北方海上の陸地とアムール川の河口沖合の陸地がひと続きの島であると日本でも認識されるようになりました。

　間宮林蔵の探検から約40年後の1848年，クルーゼンシュテルンの調査結果に疑問を抱いていたロシア海軍のゲンナジー・イヴァノヴィチ・ネヴェリスコイ（Геннадий Иванович Невельской，1813〜1876年）は，サハリン島と大陸の間の一番浅い部分も船舶が航行可能な海峡であることを実際に通過して確認しました。

　その後，間宮林蔵の調査結果も，長崎の出島を拠点に活動していた現ドイツ領出身の博物学者フィリップ・フランツ・フォン・シーボルト（Philipp Franz Balthasar von Siebold，1796〜1866年）を介してヨーロッパで紹介され，サハリン島が島であるという認識が各国で共有されることになります。ただし，日本で1853年に作成された地図「満州魯西亜疆界図」においても，北海道の北にある「北蝦夷地」が半島として描かれ，「サガリイン」がそれとは別の島として描かれるなど，間宮林蔵たちが明らかにした地理的知識が広く認知される

※16 〈和人〉とは主に15世紀以降に津軽海峡以南から北海道へと移住した人々およびその子孫を指し，現地先住者としてのアイヌと区別するためにこの呼称が用いられます。

2. サハリン島は誰のものか？　49

には時間がかかったことがわかります。

## 何のためにサハリン島の地図を描いたのか？

　間宮林蔵は間宮海峡の〈発見〉者として日本では歴史上の〈偉人〉の扱いを受けていると言ってよいかと思いますが，間宮林蔵自身はその〈発見〉をそれほど重要なこととは考えていなかったとも言われています。それはなぜでしょうか。探検の〈方法〉と〈目的〉から考えてみましょう。

　まず〈方法〉ですが，ヨーロッパの探検家たちがヨーロッパからの長旅と外洋航海に耐え得るだけの大型の船でサハリン島へとやってきて調査を実施していたのに対して，間宮林蔵は現地の先住民族と寝食を共にしながら，陸路や先住民族の舟で探検を行なっていました。先住民族たちが日常的行為として海峡を往来したり通過したりしているのを間近で見聞きしている間宮林蔵からすれば，自分が舟で海峡を通過した〈最初の〉人間だなどという認識は生まれなかったとしても当然です。なぜならば先住民族がしているのと同じことをしただけだからです。

　一方で，海峡通過という点では間宮林蔵の後塵を拝したネヴェリスコイですが，海峡通過時に水深をしっかりと計測していました。どれくらいの大きさの船が間宮海峡を航行可能であるかを確認したのです。

　ネヴェリスコイの関心は，単純に大陸と陸続きなのかどうかということだけではなく，もし海峡であるならば，どれほどの軍事的，経済的価値があるのかを把握することにあったのです。先住民族の舟でなんなく海峡を通過した間宮林蔵とはっきりとした調査目的を有していたネヴェリスコイとでは，海峡通過の持つ価値が大きく異なっていたと言えます。

そして，ネヴェリスコイの調査はすぐに実用的価値を発揮しました。1853年に始まったクリミア戦争はこの地域にも波及し，イギリス海軍に追いかけられたロシア海軍の軍艦が間宮海峡へ逃げこんだのです。皮肉にも，サハリン島は半島であるというクルーゼンシュテルンの誤ったロシア発の地理情報を鵜呑みしていたイギリス海軍は，間宮海峡の最狭部よりも南の海域でロシアの軍艦を探し続けましたが，ロシア海軍は間宮海峡が通過できることを把握していたので海峡を抜けて逃げ去っていたのです。

　次に〈目的〉ですが，間宮林蔵の探検の主たる目的は間宮海峡の発見ではなく，アイヌの生活圏がどこまでなのかを確認することでした。当時江戸幕府はロシア帝国のサハリン島や千島，北海道への進出を警戒していました。日本はアイヌと交易関係があったことから，ロシア帝国に対してアイヌの生活圏までが日本の勢力圏であると主張できると考えていたのです。ロシアの拡大や〈国境と国民の時代〉が近づきつつあることを察知していたのです。

　このため間宮林蔵はサハリン島や対岸の大陸部分でロシア側がどこまで先住民族と関係を深めているのかについて強い関心を持っていました。サハリン島の北端を回ることをあきらめた間宮林蔵はその代わりに大陸部へ渡り現地の情勢を視察しました。そこで間宮林蔵は，先住民族の朝貢儀礼のために派遣されていた清帝国の役人たちと徳愕という場所で出会います[17]。

　ここで，その後の日本と中国の命運を暗示するかのような問答が行なわれます。間宮林蔵がロシア帝国に対する見解を尋ねると清帝国の役人たちは，ロシアは清に服属する夷狄であり，ロシアが清を脅かすことなどあり得ないと答え

---

[17] 以下，間宮林蔵と清国官吏との交流については，王中忱「間宮林蔵は北の大地で何を見たのか」（姫田光義編『北・東北アジア地域交流史』有斐閣，2012年，260〜261頁）を参照しています。

2. サハリン島は誰のものか？　51

たのです。しかし、実際には次節で述べるように、この半世紀後には清帝国はこの地域から撤退し、ロシア帝国が領有権を確立するに至ります。

　19世紀半ばにはサハリン島のほぼ正確な形が明らかになりました。これは誰かひとりの個人の功績でもなければ、特定の国家の活動の成果でもありません。中国、ヨーロッパ、日本、先住民族がそれぞれの測量技術や調査成果、現地情報を参照し合った結果だということは忘れられてはいけません。

　また、もうひとつ忘れてはならないのは、なぜ地図を作ったのかということです。確かに、まだ誰も明らかにしていない地理的知識を自分が発見したい、実証したいという探求心や功名心も探検家個々人にはあったかもしれません。しかし、それぞれのサハリン探検が実現したのは、政治的、外交的、経済的、軍事的価値のある地理情報を他の国より早く手に入れたいという各国の思惑があったことは否定できません。探検家たちはその意味で言えば、サハリン島を国境と国民の時代に巻きこんでいく尖兵だったとも言えるかもしれません。

　また皮肉なことに、先住民族は中欧日の地図製作者や探検家たちに様々な形で協力し、知る限りの地理情報も提供しましたが、結果として、それは自分たちの暮らしている土地が国民国家によって奪われるための準備に自ら加わっていたことになったのです。それまで自由に往来していた海や陸が〈国境〉という見えない線で切り刻まれていく時代を自ら招き入れてしまったとも言えます。そして〈国境〉の時代の到来は、やがて〈国民〉の時代の到来もサハリン島にもたらすことになるのです。

　サハリン島は、日本の〈辺境〉であるだけではなく、中国やロシアにとっても〈辺境〉であり、その先住民族がこの三者をつなぐ役割を果たした〈境界地域〉※18と言えます。しかし、国境と国民の時代が到来することで、サハリン島は

52

境界変動が繰り返される〈境界地域〉としての新たな局面を迎えます。


## サハリン島を最初に〈領有〉したのはどの国か？

　日本が国境の時代を迎える契機は前述の通り1855年の日露和親条約でした。中国がロシアとの間で国境条約を結んだのはそれよりはるかに早く1689年のネルチンスク条約でした。

　ネルチンスク条約は，アムール川流域に進出し始めたロシアと清帝国との間の紛争を解決するために，相互の活動領域の地理的境界を明確化することが目的でした。ネルチンスク条約時点の清露境界は現在の中ロ国境と比べると清の領域が広くなるように引かれていましたが，条約締結時点では，清帝国はその領域について充分な知識が無く，締結後に現地調査隊を派遣しています。この調査隊は1690年に北サハリンにも至り，そこで遭遇した現地の先住民族を服属させています。

　ただし，その後も清帝国は役人をサハリン島に常駐はさせず，アムール川中流域までサハリン島の先住民族に毎年朝貢品を納めに来るように命じたものの，この朝貢を滞らせる集団も多く，清帝国の役人が直接サハリン島へ渡り徴収することも半ば常態化していたと言われています[19]。

　清帝国は，サハリン島に対しては，その住民を服属させることにのみ関心を持ち，主権国家的な領域管理には関心を持っていませんでした。すでに地図でも確認したように，そもそもこの時点で，清帝国側はサハリン島の南半分が存

---

※18 〈境界地域〉という概念については，中山大将『サハリン残留日本人と戦後日本：樺太住民の境界地域史』（国際書院，2019年）で詳しく論じています。

※19 松浦茂『清朝のアムール政策と少数民族』京都大学学術出版会，2006年，5～6, 67, 84～88頁。

2. サハリン島は誰のものか？　53

図10　清露間境界の形成

在していることさえ知りませんでした。華夷秩序にとってまず重要なのは，〈どこ〉を支配しているのかということよりも，〈誰〉を支配しているのかということだったのです。

　また，気をつけておくべきは，松前藩にとっては北海道アイヌの服属を確認する儀式であった「ウイマム」が，北海道アイヌにとっては和人との対等な友好関係を確認する場だと認識されていた[※20]のと同様に，朝貢とその〈恩賞〉としての物資の下賜（かし）の儀式が，元・明・清各王朝にとっては先住民族の服属を示すものであったのに対して，先住民族たちには〈交易〉の場として認識されていた可能性があることです。間宮林蔵も実際に現地で，清帝国の役人が儀式の後は先住民族たちと親しく歓談したり商談したりする様子を目撃しています。

　清露間境界は，両国間で結ばれた1858年の瑷琿（アイグン）条約，1860年の北京（ペキン）条約によってほぼ現在の中ロ国境に近い形になります。しかし，それは清帝国にとっ

ては勢力圏の大幅な喪失であり，サハリン島の住民たちとの関係も失い，これ以降中国はサハリン島をめぐる勢力争いから完全に脱落することになり，ロシアと日本の間で国境が変動することになります。なお，庫頁島中国固有領土論の中にはこのふたつの条約が不平等条約であり無効であるとする主張もあります。

　1855年の日露和親条約であえてサハリン島に国境を定めないという合意を作ったのは，当時すでに日本人とロシア人の双方が漁業や石炭採掘，辺境防備などを目的として進出していたものの，日露間の国境画定交渉がまとまる見込みがなかったためです[21]。そのため，同条約以降，サハリン島は〈日露雑居地〉だと相互に認識されるようになり，1867年には日露間で樺太島仮規則を取り決め雑居地であることを再確認しました。しかし，それは〈国境無き日露平和共存の島〉を意味したわけではなく，実際には日露双方が島内における勢力拡大の野心を抱いており，それに加えて条約や仮規則への解釈の違い，土地や資源の権利に対して国民国家体制的実効支配を重視するロシア側と華夷秩序的なアイヌへの支配を根拠にしようとする日本側の認識の相違などから，対立や紛争，軍事的緊張が生まれていました。

　日露両政府はそうした現地紛争が国家間戦争に発展することをおそれ，1875年に樺太千島交換条約の締結に至ります。この条約の結果，択捉島と得撫島の

---

※20　坂田美奈子『歴史総合パートナーズ5　先住民アイヌはどんな歴史を歩んできたか』清水書院，2018年，19〜21頁。

※21　日露和親条約から樺太千島交換条約までの現地状況や外交問題については，秋月俊幸『日露関係とサハリン島：幕末明治初年の領土問題』（筑摩書房，1994年），醍醐龍馬「榎本武揚と樺太千島交換条約（一）（二）：大久保外交における「釣合フヘキ」条約の模索」（『阪大法学』第65巻第2，3号，2015年），同「戊辰戦争期日露関係と樺太：雑居地をめぐる植民競争」（『東アジア近代史』第23号，2019年）を参照しています。

2. サハリン島は誰のものか？　55

間にあった日露国境はカムチャッカ半島と千島列島最北端の占守島の間まで北
上し，北海道本島とサハリン島の間の宗谷海峡上には明確な国境が誕生しました。

　ここで着目してほしいのは，この国境画定条約に対する日露両政府の動機で
す。すでに述べた通り，現地での日露間の紛争がより大きな戦争の原因になる
可能性がありました。当時，日本にはまだ大国ロシアと戦うだけの準備が無く，
ロシア帝国もクリミアなどで戦争が繰り返されており，複数の地域で戦争が起
きることはどうしても避けたかったのです。

　そこで日露両国政府が採った解決策は，雑居地のような曖昧な状態を終わら
せサハリン島に排他的主権を確立することでした。つまり，国境画定による平
和維持が期待されたのです。

　また，もうひとつ考えてみてほしいのは，〈地図〉の重要性です。この条約交
渉では相互の主張する国境の位置が重要な争点でした。国境画定に関する交渉
にあたっては正確な地理認識とそれに基づく地図の共有が不可欠であったこと
は容易に想像できるかと思います。

　もし，ロシア側がラペルーズの地図を基にして，また日本側が18世紀の自分
たちの地図を基にして交渉に臨み，ロシア側が〈千島はすべて譲るので，サハ
リン島はロシア領として認めてほしい〉と提案すれば，日本側は，アムール川
の河口沖合の〈サハリン島〉がロシア領になるものの，北海道の北方海上にあ
る〈カラフト半島〉は日本領になるのだと勘違いしてしまったことでしょう。

　すでに述べたように，間宮林蔵をはじめとしたサハリン探検とそれに協力し
た先住民族の活動は，サハリン島に〈国境〉の時代をもたらすための重要な前
提となっていたのです。

　樺太千島交換条約はサハリン島の排他的領有権をめぐる国民国家間の明確な

国際合意と考えることができます。だとすると，最初にサハリン島を〈領有〉したのは，ロシア帝国と言うことができるでしょう。

　しかし，ここでも忘れてはいけないのは，日本人やロシア人が来るよりも先にすでにサハリン島で暮らしていた〈先住民族〉が多数いたことです。これらの人々は自身の主権国家やネイションを形成していなかったため，領有権を主張できる立場を持たず国民国家間の領土交渉には一切加わることはできませんでした。

　樺太千島交換条約はサンクトペテルブルク条約とも呼ばれます。これは条約の交渉と締結が当時のロシア帝国の首都であるサンクトペテルブルクで行なわれたからです。先住民族からしてみれば，自分たちの知らない間に，自分たちの祖先が暮らしてきた土地の主が自分たちではなくなってしまったのです。

　〈先住民族〉と聞くと，〈少数民族〉という言葉を連想し，国民国家体制が浸透していく19世紀後半以降の記録の中に現われる〈弱者〉としてのイメージを思い浮かべてしまうかもしれませんが，それ以前の華夷秩序の中では「先住民族でもなく少数民族でもなく，その地方の主要な住民だった」[22]という観点はきわめて重要でしょう。

　次章では，樺太千島交換条約以降も続く日露間のサハリン島をめぐる国境変動によって住民がどんな経験をしたのか，つまりは〈国境が変わると何が変わるのか〉ということを具体的に考えてみましょう。

---

[22] 佐々木史郎「ヘジェ・フィヤカ・エゾ」佐々木史郎，加藤雄三編『東アジアの民族的世界：境界地域における多文化的状況と相互認識』有志舎，2011年，179頁。

## 3. なぜ国境は変わり人は動くのか？

## 樺太千島交換条約は誰を幸せにしたのか？

　前章で述べたように樺太千島交換条約（1875年）には，紛争と戦争を予防する目的もこめられていました。しかしながら，条約によって国境が変わったことで生活が大きく変えられてしまう人々が発生しました。

　サハリン島に漁業などのために進出していた日本人たちは条約発効後も引き続きサハリン島で経済活動を継続することが条約上認められていましたが，日本政府はこれらの漁業者を説得しその権利を放棄させ一度日本へと帰国させます。そもそも条約締結の動機が日露間の紛争回避だったので，日本政府からすれば当然の措置です。しかし，漁業者からすればこれは自分の生活にかかわる措置です。結局，翌年にこれらの漁業者はサハリン島への出漁許可を日露両政府から得てサハリン島への再進出を図ります[1]。

　樺太千島交換条約は樺太や千島のアイヌにも甚大な影響を与えました。ここでまず，日露和親条約が結ばれた1855年から樺太千島交換条約が結ばれた1875年までの間の環オホーツク海地域における先住民族の状況を確認しておきましょう[2]。

　まず北海道には北海道アイヌがいました。これらの人々がたどった歴史については本シリーズ第5巻[3]で詳しく論じられています。

　千島には千島アイヌが居住していました。また得撫島以北が日露和親条約で

[1]　神長英輔『「北洋」の誕生：場と人と物語』成文社，2014年，48〜50頁。

[2]　以下，先住民族に関しては主に，田村将人「環オホーツク海域の境界変動とそこで暮らしてきた人びと：先住民，とくにアイヌの視座から」（『現代思想』第40巻17号，2012年）を参照しています。

[3]　坂田美奈子『歴史総合パートナーズ5　先住民アイヌはどんな歴史を歩んできたか』清水書院，2018年。

3. なぜ国境は変わり人は動くのか？　59

ロシア帝国領になったため，ロシア側はアラスカ方面から先住民族であるアリュートを雇い入れ得撫島以北の千島列島で労働に従事させました。さらにその北のカムチャッカ半島には，アリュートのほかコリヤークと呼ばれる集団が居住していました。

　サハリン島には南部に樺太アイヌが居住し，北部にはウイルタ，ニヴフと呼ばれる人々が暮らしていました。そして間宮海峡を越えた大陸部にはウリチやナーナイという先住民族が暮らしていました。

　すでに前章でもふれたように，これらの先住民族は自己完結的な孤立した集団ではなく，先住民族同士のほか，中国人や日本人，ロシア人とも交流を重ねていました。

　樺太千島交換条約が締結されると，日本政府は当時約2,000人いたと言われる樺太アイヌの4割超を北海道へと移住させます。必ずしも暴力的に連行されたわけではないのですが，樺太アイヌたちがサハリン島に近い北海道の北部への移住を希望していたのにもっと南の札幌近郊へ移住地を定められたこと，樺太では漁業中心の生活であったのに移住先の対雁では農業中心の生活を強要された上に慣れない風土で移住10年ほどで約4割が死亡してしまったことから，これを「強制移住」と呼ぶ人々もいます[4]。

　日本政府はなぜ樺太アイヌをわざわざサハリン島から北海道へと移住させたのでしょうか。その理由として考えられているのが，前章の間宮林蔵にも見られた当時の日本側のアイヌへの認識です。

　日本側はアイヌを日本人（和人）とは異質な集団と考えつつも，江戸時代には交易関係があったことから日本国民の構成員であるとみなし，保護するために外国領になってしまうサハリン島から北海道へと移住させたと言われていま

す。また，ロシア帝国領になり樺太アイヌが全員ロシア国籍を取得してしまう
ことも避けようとしたとも言われています。

　ではなぜ，移住したのは樺太アイヌのうち4割だけなのでしょうか。これについては，呼びかけに4割しか応じなかった，日本政府の役人が特に日本と関係の深い人々の多かった亜庭湾沿岸の樺太アイヌにしか声をかけなかった，など色々な理由が考えられています。また，日本人と協働関係にあった樺太アイヌの中には，ロシア帝国領になり日本人が去ってしまえば，経済活動がうまくいかなくなったり，自分たちが虐げられてしまったりするのではないかと不安に感じ移住に応じた人々もいたとも考えられています。

　しかし，結果的には多くの人々が病などに倒れ命を失い，ほかの人々も墓参や出稼ぎという口実でサハリン島へ帰るとそのまま対雁に戻ってこず，30年も経ずに北海道在住の樺太アイヌはわずか数人にまで減少したと言われています。

　同様の現象は，千島でも起きていました。まず，得撫島以北も日本領になったため，ロシア正教[5]に入信するなどロシア側と関係を深めていた千島アイヌの一部やロシア側に雇い入れられていたアリュートが北千島からカムチャッカへと移住してしまいました。

　日本政府は当初は残った千島アイヌに食料や医療を提供するなど保護政策を

[4]　樺太アイヌ史研究会編『対雁の碑：樺太アイヌ強制移住の歴史』北海道出版企画センター，1992年。

[5]　現在のロシアの基となる国家のひとつであるキエフ・ルーシで988年にキリスト教の一教派であるギリシャ正教が国教化され，15世紀以降にはモスクワ公国によって現在のロシアの原型が形成されていく中で同国内の教会はギリシャ正教会から独立しロシア正教会が成立します。モスクワ公国の後継国家であるロシアは拡大した支配地域の先住者たちに対してロシア正教への入信・改宗を促しロシア語を教えるという同化政策を進めていました（原卓也監修『ロシア』新潮社，1994年，62，64頁）。

実施していましたが，北海道本島から遠くて費用がかかるほか，千島アイヌた
ちが国境を越えてロシア側との交流を続けている疑いがあったので，より北海
道本島に近い南千島へと移住させました。その結果，やはり慣れない土地での
生活によって移住した千島アイヌの人口は15年間で6割減少してしまいました。

　一方，ロシア政府は新たな領土であるサハリン島の開発政策を練り始めます。
その結果，このような僻地へ一般国民が移住してくることは期待できないため，
囚人を連れてきて開発させることを決定します。サハリン島は海に囲まれた天
然の刑務所となったのです。こうして〈流刑地サハリン〉が誕生します。

　囚人による開発は，サハリン島に限らず当時のシベリア開発でも採用された
方法でした。日本でも北海道開発の初期にこの方法が採られており，現・月形
町の樺戸監獄などが有名です。また，イギリスもオーストラリアなどの開発で
この方法を採用していました。

　わざわざこうした囚人まで動員して開発を行なわなければならなかったの
は，当時の欧米では領有権を獲得しても，人口希薄で低開発のままの状態で放
置していれば，領有権の正当性を失うという理解があったからです[6]。清帝国
のように辺境の住民と定期的に朝貢儀礼を交わすことで満足していた華夷秩序
の時代はすでに去ろうとしていました。

　こうした囚人にとって大陸の監獄とサハリン島のどちらでの生活が幸せで
あったかは一概には判断できませんが，樺太アイヌや千島アイヌ，アリュートは
国境変動に伴う政府の政策により甚大な被害を受けたと言わざるを得ません。

　皮肉なのは，樺太千島交換条約後のサハリン島をめぐる移動の中で，最も拘
束性と強制性の高い移動を強いられたのが，領有権を持った国家の国民である
ロシア人囚人たちであったということです。

62

また，1890年にサハリンを訪れたロシアの作家アントン・チェーホフ（Антон Павлович Чехов, 1860〜1904年）は旅行記『サハリン島』の中で，サハリン島に派遣され人里の無い僻地で監視にあたっている兵士の劣悪な住環境と孤独に思いを馳せています[7]。

　サハリン島は確かにロシア帝国領になりました。しかし，サハリン島で暮らすようになったロシア人のすべてが，〈征服者〉として悠々自適に暮らしていたわけでありません。囚人や兵士からすれば，ヨーロッパとは大きく生活様式が違うにしても家族と故郷で暮らす先住民族たちの生活がうらやましく見えたかもしれません。


## 新しい国境は新しい生活を生み出したのか？

　サハリン島の新たな住民となったロシア人たちにとって，そこでの生活が新しい生活であったことは言うまでもありませんが，先住者[8]である先住民族たちにとって新しい国境はどのようにその生活に影響を与えたのでしょうか。すでに述べたように樺太アイヌの4割超が条約締結後に北海道へ移住したわけですが，移住せずにサハリン島に暮らし続けた人々もいました。これらの人々の


[6]　坂田美奈子『歴史総合パートナーズ5　先住民アイヌはどんな歴史を歩んできたか』清水書院，2018年，46頁。

[7]　チェーホフ（中村融訳）『サハリン島（下）』岩波書店，1953［1895］年，146〜148頁。

[8]　本書では，〈先住者〉とは，ある地域にほかの移住者集団より先に居住していた集団のことを指します。あくまで複数の集団の間で相対的に移住時期が早いか遅いかを示すための言葉です。これに対して，本書では，〈先住民族〉とは，ある地域に諸国家が進出する以前からその地域に居住していた国家を持たない集団を指します。

生活の変化について見てみましょう[9]。

　樺太アイヌたちと漁業などを通じて関係を築いていた日本人たちは条約締結後に一度，サハリン島から撤退していましたが，サハリン島へ再度出漁するようになり，現地の樺太アイヌやロシア人たちとも関係を再び築くようになり，サハリンには日本領事館も開設されました。

　しかし，日本人漁業者のサハリン島での漁業活動が現地ロシア人たちの経済活動を圧迫してしまうことを危惧したロシア政府はサハリン島漁業仮規則を1899年に定め，ロシア帝国臣民漁業者の保護奨励を進めます。

　この仮規則により日本人漁業者がサハリン島漁業から排除されたかに見えました。しかし，ロシア帝国臣民であれば漁業経営権の取得が可能であり，すでにロシア国籍を取得していた樺太アイヌには漁業経営権が認められていたため，日本人漁業者たちは樺太アイヌたちとの共同経営という方法でサハリン漁業にかかわり続けました。漁場主として樺太アイヌ5名の名前が残っており，そのうち4名は当時地元の首長としても知られたほか，日本名も伝わっています。

　経済的近代化だけではなく，教育面での変化も樺太アイヌの中に現われるようになります。流刑囚の中にはブロニスワフ・ピウスツキ（Bronisław Piotr Piłsudski，1866〜1918年）という人物がいました[10]。ピウスツキは，ペテルブルク大学在学中にロシア皇帝アレクサンドル3世暗殺計画の連座で1887年にサハリンへ流刑にされました。木工所，家畜小屋，警察署事務局，測候所などで労役に従事した後に，1891年から先住民族ニヴフの民族学的調査を始め，1896年には，故郷への帰還権は認められないものの，苦役から解放され，極東の博物館開設の仕事を依頼されたために1899年にウラジオストクへ渡り，1902年に再度，調査のためにサハリンへと戻ります。ピウスツキはこの時に樺

太アイヌのための識字学校を開きます。この学校にはロシア人も通うようになったと言われています。また，ピウスツキはこの時期に樺太アイヌの首長バフンケ（き むらあいきち，1855〜1920年）の姪（めい）と夫婦となりました。

　この識字学校で助手を務めた人物に千徳太郎治（せんとく た ろう じ）（1872〜1929年）[11]がいます。千徳の父親は日本人でしたが，母親は樺太アイヌであり，樺太千島交換条約後は北海道へ移住し特設アイヌ学校で学び，1895年には母と弟と共にサハリンへと戻ります。ピウスツキの助手になってからはロシア語も使うトリリンガル（三言語使用者）になったと言われています。また，千徳はピウスツキの助力によってロシア国籍を取得したとも言われており，この時点で二重国籍であったと考えられています。

　ピウスツキによる樺太アイヌの家屋様式調査によれば，1904年の段階で，東海岸はアイヌ式95軒，ロシア式27軒，西海岸はアイヌ式102軒，日本式11軒であり，日本人やロシア人との関係や，北海道へ移住してまた戻ってきた人々の再定住地の有無がこの違いに反映していると言われています[12]。

　このように，樺太アイヌは樺太千島交換条約後も日本やロシアからの移住者たちと制度や経済，教育，生活など様々な面で関係を築き続けました。そして，

※9　以下，この時期の樺太アイヌの動向については，田村将人「先住民の島・サハリン：樺太アイヌの日露戦争への対処」（原暉之編『日露戦争とサハリン島』北海道大学出版会，2011年）を参照しています。

※10　以下，ピウスツキについては，沢田和彦「民族学者ブロニスワフ・ピウスツキとサハリン島」（原暉之編『日露戦争とサハリン島』北海道大学出版会，2011年）を参照しています。

※11　以下，千徳太郎治については，田村将人「先住民の島・サハリン：樺太アイヌの日露戦争への対処」（原暉之編『日露戦争とサハリン島』北海道大学出版会，2011年）を参照しています。

※12　田村将人「先住民の島・サハリン：樺太アイヌの日露戦争への対処」原暉之編『日露戦争とサハリン島』北海道大学出版会，2011年，103〜104頁。

その関係は条約以前の関係とは異なる新たな形でした。

ところで，ピウスツキの活動が物語るように，〈流刑地サハリン島〉の実態は，〈監獄島〉のような表現から想起されるイメージだけでは理解し切れない部分があります。

まず，男女比率は3：1であり，少なくない女性が売春に従事していたとも言われており，この点はチェーホフもその不道徳性を厳しく批判しています。しかし，女性の住民がいることによってサハリン島の中に新たな家庭が生まれるという現象が発生したのも事実です。刑期の終わった流刑囚の中には，そのままサハリン島に農業開拓者として定住する人々もいましたが，このことと女性の存在は決して無縁ではないと考えるべきでしょう。また，こうした農業開拓者にとって黒貂や狐，熊[※13]などの毛皮猟も重要な収入源となっていました。

当時のサハリンの中心地であったアレクサンドロフスク・サハリンスキー（亜港）は「サハリンのパリ」とも呼ばれた[※14]ように一定の文化度を保ってい

図11　ブロニスワフ・ピウスツキ（1列目右から2番目）と千徳太郎治（1列目右端）

たとも言われていますが，その背景には流刑囚の中にピウスツキのような教育
程度の高い政治犯も多く含まれていたことが挙げられるかと思います。

　しかし，やがてサハリン島には次なる境界変動が訪れます。

## 日本領樺太を先住者たちはどう生きたのか？

　1904年，日露間の朝鮮，満洲をめぐる交渉が決裂し，日本はロシアに対して
宣戦布告，日露戦争が始まります。

　宣戦布告は国交断絶を伴うので，在サハリン日本領事館はサハリンの日本人
たちに退去勧告を出します。この結果，約350人の日本人が〈開戦引揚げ〉によっ
てサハリン島から退去しました。さて，すでに見たように樺太千島交換条約後
に北海道へ移住し再度サハリン島へ帰還した樺太アイヌは，原則的に日本国籍
を有していました。では，これらの樺太アイヌも開戦引揚げによって日本へと
再び渡ったのでしょうか[15]。

　結論から言うと，日本領事館はこれらの樺太アイヌには退島を呼びかけませ
んでした。ただし，この時に日本国籍者でありながら，退島を呼びかけられな
かった人として，現地の樺太アイヌと家庭を築き樺太アイヌ同然の暮らしをし
ている日本人男性の事例が残っています。日本領事館の退去勧告においては，
反日感情の高まりによってロシア人住民から迫害を受ける可能性があるかどう

---

※13　それぞれ，*Martes zibellina, Vulpes pennsylvanicus argentatus, Ursus arctos*に該当す
　　　ると思われます。本書では，生物種の学名を記す際には，このように斜字で示します。

※14　チェーホフ（中村融訳）『サハリン島（上）』岩波書店，1953［1895］年，92頁。

※15　日露戦争時の樺太アイヌの動向については，田村将人「先住民の島・サハリン：樺太アイヌの
　　　日露戦争への対処」（原暉之編『日露戦争とサハリン島』北海道大学出版会，2011年，112〜
　　　113頁）を参照しています。

かが重視されていました。ロシア側にはどの樺太アイヌが日本国籍を持っているかわからないだろうし，そもそも反日感情の矛先が樺太アイヌに向かうことはないだろうと日本領事館は判断したと考えられます。

　日露戦争の主戦場は朝鮮や満洲，「本日天気晴朗ナレドモ浪高シ」で有名な日本海海戦の舞台となった周辺海域でしたが，戦争末期の1905年7月からはサハリン島も戦場となり，1905年9月に入るまでに日本軍はサハリン島全島を完全に占領下に置きます。

　しかし，気をつけておかなければならないのは，日本側は必ずしもサハリン島の領有権を求めてこの軍事行動を起こしたわけではないということです。サハリン島への侵攻と占領は，あくまで和平交渉において日本側が有利になるための材料であったと言われています[16]。

　つまり，大国ロシアにとって戦争に敗けて領土を削り取られることは，対外的には威信を削がれ，国内的にも国民の反発を招きかねず，それを避けるために朝鮮，満洲に関する日本側の要求に大幅に譲歩するだろうと日本政府は期待したのです。

　しかし，日露間の交渉によって紆余曲折を経て最終的に締結されたポーツマス条約（日露講和条約）の第9条により，サハリン島の北緯50度線以南が日本領としてロシアから割譲されることに決まりました。

　では，この境界変動によってどのような影響が生まれたのでしょうか。

　ポーツマス条約の第10条ではロシア人を含む先住者の居住権と財産権の保障が定められていました。しかし，開戦以後のロシア政府側の避難誘導や，日本軍による占領後の送還によって，条約締結後までに2〜3万人の退島がすでに行なわれており，日本人や先住民族を除く人口は南部で269人，北部で5,850人にま

で減少していました。前述のピウスツキも1905年の6月には一度単独で退島し，11月に再度サハリン島へ戻り家族を連れ出そうとしたものの，妻のおじにあたるバフンケの反対にあい，ひとりでヨーロッパへと帰還しました。

　すでに述べているように，日露戦争の主戦場は朝鮮と満洲であり，当然ながらロシア軍の主力も同方面へ割かれていました。このため，ロシア政府はサハリン防衛のために流刑囚を含む現地住民を動員して義勇軍を組織させました。

　この義勇軍の部隊長のひとりでありながら無抵抗で捕虜になり，青森の捕虜収容所へ移送された際に日本人記者たちに向かって日本語で「これは自分の戦いではない，国と国との戦いで強いて戦う義務はない」と答えたというロシア人がいました。

　この人物は，フリサンフ・ビリチ（Хрисанф Платонович Бирич，1860前後〜1923年）[17]という元流刑囚で，1890年代からは現地で日本人との共同経営も含め漁業経営者として成功を収め，自身の子どもは東京のカトリック修道会の寄宿学校に入れるなど日本との深いかかわりを築いていました。ビリチのような人物にとって，日露戦争は迷惑以外の何物でもなかったことでしょう。

　さて，サハリン島南半は日本領〈樺太〉として日本政府の現地行政機関である樺太庁が1907年に開設され，日本人の移住も本格的に開始されます。1907年時点で約2万人であった人口は，1940年には約40万人まで増加しますが，この大部分は日本人移住者によるものであり，ごく初期を除けば人口の95％以上

---

※16　シュラトフ　ヤロスラブ「ポーツマスにおけるサハリン：副次的戦場から講和の中心問題へ」原暉之編『日露戦争とサハリン島』北海道大学出版会，2011年。

※17　以下，ビリチについては，倉田有佳「ビリチとサハリン島：元流刑囚漁業家にとっての日露戦争」（原暉之編『日露戦争とサハリン島』北海道大学出版会，2011年）を参照しています。

が日本人で占められていました[18]。

　では，こうした変化の中で，樺太の先住者たちはどのように生きていくことになったのでしょうか[19]。

　先住者の中の最大のグループは樺太アイヌで，人口は約1,500人程度で推移しています。すでに述べたようにロシア領時代には樺太アイヌの中には漁場を経営していた人々がいたのですが，日本軍の占領後はこうした漁場の経営権は剥奪され，新たな競争入札によって日本人の大規模漁業家に漁業権が付与されることとなり，日本国籍の有無を問わず樺太アイヌや零細日本人漁業者が排除されるようになりました。

　さらに，樺太庁は樺太アイヌには経営能力が欠如しているとして，〈保護〉の名目のもと「土人[20]漁場」や「保護集落」，「土人教育所」の設置を進めていきました。ただし，樺太全体を見てもすべての樺太アイヌが保護集落に居住するようになったわけではありませんし，統計からは樺太アイヌが領有時の居住集落や保護集落以外にも居住域を広げていることが把握でき，なおかつ日本人

| 日本帝国臣民 | 398,114 | 先住民族 | 1,660 |
|---|---|---|---|
| 内地人（日本人，アイヌ） | 382,057 | アイヌ | 1,254 |
| 朝鮮人 | 16,056 | オロッコ（ウイルタ） | 290 |
| 台湾人 | 1 | ニクブン（ニヴフ） | 71 |
| **外国人** | **318** | キーリン（エヴェンキ） | 25 |
| 満洲国人 | 3 | サンダー（ウリチ） | 18 |
| 中華民国人 | 105 | ヤクーツ（サハ） | 2 |
| 旧露国人（ロシア人） | 160 | | |
| ポーランド人 | 46 | **総数** | **398,838** |
| ドイツ人 | 4 | | |

注）「アイヌ」の人口は「日本帝国臣民」と「先住民族」の双方の合計に
　　含まれているため，「総数」では重複分を控除している。

表1　樺太の戸籍・国籍・民族構成（1940年，単位：人）

図12　樺太日日新聞関係者と樺太アイヌ部落総代の記念撮影（1911年，最後列左が千徳）

と共に林業労働に従事するなどの事例も見られることから，時間が経つごとに樺太アイヌは日本人社会の一部分へと組みこまれていったと言えます。

ロシア領時代にピウスツキの助手として樺太アイヌのロシア語教育に協力していた千徳も，今度は「土人教育所」の教員として務めるようになります。

こうした動向は，樺太アイヌよりも北方に生活圏があり，従来日本人との交流の乏しかったニヴフやウイルタも時間差はあれど同様でした。

---

※18　中山大将『亜寒帯植民地樺太の移民社会形成：周縁的ナショナル・アイデンティティと植民地イデオロギー』京都大学学術出版会，2014年，62〜69頁。

※19　以下，日本領樺太における先住者の動向については，中山大将「樺太のエスニック・マイノリティと農林資源：日本領サハリン島南部多数エスニック社会の農業社会史研究」（『北海道・東北史研究』第11号，2018年）を参照しています。

※20　当時は〈現地の在来住民〉という意味合いで〈土人〉という表現が用いられましたが，〈文明化していない未開の劣った人々〉のような含意が生まれたことから，現在では用いられず代わりに〈先住民族〉や〈先住民〉などの表現が用いられています。本書では，実際に当時どのような表現が用いられていたのかを示すために歴史資料で用いられた場合にのみ，「　」で囲んで引用しています。

3. なぜ国境は変わり人は動くのか？　71

1934年に人絹パルプ工場※21が操業を開始し都市へと発展した敷香という町の東部には，日ソ国際河川である幌内川の河口があり，1920年代には周辺のウイルタ，ニヴフ，サハ，エウェンキなどの先住民族の集住集落「オタスの杜」が作られ，若い世代に対しては日本語教育や近代化が推し進められました。

　先住民族の伝統的家畜であるトナカイ（*Rangifer tarandus*）の産業化を試みた樺太庁中央試験所が1943年に作成した報告書では，先住民族はすでにトナカイを所有しておらず飼養技術も失われ賃労働者化が進んでいると記録されるほどその生活は激変しました。

　現存している当時の写真や絵ハガキなどに写されている先住民族はその大部分が民族衣装を身につけているのですが，1930年に刊行された『日本地理風俗大系』という本の中には，そうした写真以外にも花柄のワンピースのような服を着たニヴフの少女や猟銃を担いだウイルタの少年の写真も掲載されています（図13）。

　〈写真〉という言葉は，〈真ヲ写ス〉という意味を持ちますが，その〈真〉には〈写ス〉者の意図も含まれていることは忘れてはなりませんし，写真を見る際にはそこまで考えなくてはなりません。同書の編者は，この写真の少女と少年を通して，日本によって近代化しつつある樺太の先住民族を表現しようとしたのかもしれません。

　一般的事例とは言えないものの，1920年代生まれのウイルタのダーヒンニェニ・ゲンダーヌ（北川源太郎，1926？〜1984年）※22は，オタスの教育所を卒業すると，役場の非正規職員として採用され，敷香の街とオタスを結ぶ蒸気船の切符係や事務仕事などに従事しました。ゲンダーヌが教育所に入学する際には，養父母がランドセルを買い与えたという話が残っており，先住民族の中に

図13　洋装のニヴフの少女（上）と猟銃を担ぐウイルタの少年

※21　人絹パルプとは，人造繊維（人絹）の原料のことで，樺太に豊富な針葉樹から製造されました。この工場は，日本初の人絹パルプ工場だったとされています。
※22　以下，ゲンダーヌについては，田中了，ダーヒンニェニ　ゲンダーヌ『ゲンダーヌ：ある北方少数民族のドラマ』（現代史出版会，1978年）を参照しています。

3. なぜ国境は変わり人は動くのか？　73

貨幣商品経済が浸透していたことを示しています。また，ゲンダーヌは養父から海獣猟を習っていましたが，実際に自分がそれで生計を立てることはありませんでした。

　北海道から帰還した樺太アイヌを除く先住民族は〈土人〉として正式に戸籍に登録されずにいましたが，樺太アイヌについては，「同化」が進んだことを理由に1932年以降に〈内地籍〉に編入され日本国籍者となりました。一方，先住者の中には〈外国人〉として樺太を生きる人々がいました。その中の最大のグループはヨーロッパ系のロシア帝国臣民でした。ここでは〈残留露国人〉と呼ぶことにします。なぜならば，この〈残留露国人〉の中には，多数のポーランド人など当時は出身地域がロシア領になっていたため国籍上はロシア人であったものの，民族的には〈ロシア人〉とは呼べない人々が含まれていたからです。

　日清戦争後に結ばれた下関条約で清帝国領から日本領となった台湾では，日本政府は現地在住清国人に2年間の国籍選択猶予期間を与え，台湾居住を希望する者には日本国籍を与えましたが，樺太ではそのような措置は設けられませんでした。

　残留露国人中のポーランド人たちは，1917年に起きたロシア革命をきっかけに祖国ポーランドが1918年に独立を果たし，日本にポーランド共和国大使館が開設されると，ポーランド共和国国籍を取得するようになります。なお，このポーランド共和国の初代大統領ユゼフ・ピウスツキ（Józef Piłsudski, 1867〜1935年）は前述のブロニスワフ・ピウスツキの弟です。

　残留露国人は，日本の領有後は外国人として土地の所有が認められないなどの不利益を被りました。しかし，これらの残留露国人が帰化して日本人と同等の権利を獲得すれば経済的脅威になりかねないので，帰化を認めるべきではな

図14　残留露国人

いという提言が1910年に作成された樺太庁の内部資料に載るほど，移住してきた日本人を圧倒するような経営能力を発揮する人々も存在していました。

　また，不利益を被りながらも，残留露国人たちが日本人開拓者のために日本の役人に伝えた農業上の助言の記録も残されているほか，初期の統計からは，残留露国人居住集落における日本人移住者との混住化も確認できます。その理由としては，日露戦争に伴い退去したロシア人の農地や家屋の再利用，残留露国人の農地を樺太庁が取り上げ日本人移住者に割り当てたこと，すでに残留露国人が暮らしているのだから自分たちも暮らしていけるはずだという日本人移住者の期待などが挙げられるかと思います。

　また，残留露国人の中にはパンの製造と販売に従事する者もあり，〈露助パン〉[23]として樺太の日本人住民にも親しまれました。領有直後には樺太を離れ

---

[23]〈露助〉という言葉は，ロシアを指すロシア語の形容詞"русский（ルースキー）"などを基に日本人がロシア人に対する呼称として用いるようになった言葉と考えられます。この言葉には侮蔑感や敵意が含意されるようになったため，現在では用いることが避けられていますが，ここでは当時の言葉を伝えるためにそのままの表現としてあります。

3. なぜ国境は変わり人は動くのか？　75

内地でパン職人として働いた残留露国人がいたという記録もあります。

　日本人の樺太開拓の陰に隠れたこうした残留露国人の貢献や，日本の食文化に与えた影響は今後一層検証されていくべきと言えます[24]。

　残留露国人以外の外国人先住者としては，残留清国人と残留韓国人が挙げられます。これらの人々についてはまだまだわかっていないことが多いのですが，領有時には合計約50人程度いたと考えられます。当時の資料によれば，ロシア領時代に昆布（*Saccharina japonica* var. *ochotensis* や *Saccharina Stackhouse*）漁の漁業労働者としてロシア人経営者に雇われ，日露戦争後も行き場が無く残留した人々であることがうかがえます。

　一部の成功者の中には大量の家畜を所有し，日本人や先住民族の女性と家庭を築いていた者もいたようですが，日本の領有後は在樺外国人として残留露国人同様の制限を受けて困窮していた者が多かったと言われています。

　ただし，残留韓国人については，皮肉なことに，1910年の日韓併合により大韓帝国という国家自体が消滅し日本領となり日本国籍者とみなされるようになったため，日本人同様の権利を保障され生活状況が向上したと言われています。

　なお，日韓併合の報に際して，事情を誤解した残留露国人たちの一部が自分たちにも残留韓国人のように日本の国籍が与えられるとして喜んで大騒ぎしたという話が残っています[25]。この話を理解するにあたって注意しなければならないのは，残留露国人たちが日本人になれると単純に喜んだのではなく，日本人同様の権利が与えられると喜ぶほどに，境界変動以前に比べて残留露国人たちの生活が悪化していたという背景があったと考えられることです。

## 樺太は出稼ぎ地か，それとも故郷か？

　サハリン島南部を自国領とした日本政府はこの地域を〈樺太〉として統治します[26]。ただし，一般道府県とは異なる〈外地〉という法的地位を与えます。〈外地〉とは簡単に言えば，現在の日本領とほぼ重なる北海道から沖縄までの〈内地〉とは異なる法制度が適用される地域のことです。当時の大国の多くはこうした地域を有しており，イギリスでは〈植民地〉，フランスでは〈海外領土〉などの呼称が用いられていました。

　日本の場合，樺太以外では，1895年に領有した台湾，1905年に租借した関東州（現在の中華人民共和国領の遼東半島の先端部で，旅順，大連などを含む），1910年に領有した朝鮮，1922年に委任統治領となった南洋群島（現在のパラオ共和国，ミクロネシア連邦，マーシャル諸島共和国，アメリカの北マリアナ諸島自治連邦区）が〈外地〉に該当します[27]。

　〈外地〉でもそれぞれの法制度は大きく異なり，樺太の特徴のひとつとしては総合行政制度が挙げられます。現地行政機関である〈樺太庁〉が現地行政のす

---

[24] 1909年に東京で起きた「ロシヤパンブーム」と樺太残留露国人の関係については，研究成果が近年発表されています（倉田有佳「樺太残留ロシア人との関りから考える明治末年の東京の「ロシヤパン」ブーム」『パン文化研究』第2号，2019年）。

[25] 「北名好の祝賀会」『樺太日日新聞』1910年9月14日。

[26] 以下，樺太の政治・経済・社会については，中山大将『亜寒帯植民地樺太の移民社会形成：周縁的ナショナル・アイデンティティと植民地イデオロギー』（京都大学学術出版会，2014年）および中山大将『サハリン残留日本人と戦後日本：樺太住民の境界地域史』（国際書院，2019年）を参照しています。また，近年の研究成果を反映した日本領樺太の通史としては，原暉之，天野尚樹編『樺太四〇年の歴史』（全国樺太連盟，2017年）が挙げられます。

[27] なお，1932年建国の満洲国は，日本政府にとっては独立国家であるため〈外地〉には該当しません。

べてを担当し，原則的には中央の関連諸官庁に干渉されないということです。また，開発のための特別な予算も講じられましたが，その代償として日本人[28]であっても樺太在住者には国政参政権が認められませんでした[29]。開発の進展を最優先事項とし，世論の対立や迷走による開発の停滞を避けるために開発を政府が独断で担う〈開発専制〉が採用されたのです。

ただし，1925年の普通選挙法施行以降は樺太出身者でも成年男子で日本国籍さえあれば，内地での国政参政権は認められており，これは朝鮮人や台湾人も同じことでした。つまり，国政参政権付与においては，内地〈出身〉であるかどうかよりも，内地〈在住〉であるかどうかのほうが重要な基準でした。このように，同じ国家の内部でも各地域の性格を鑑み法制度上の差異が設けられ，内地と外地という境界が存在していたのです。

なお，1943年に樺太の〈内地編入〉が実施されますが，これ自体が戦時体制の合理化の一環であったことや，結局そのまま国政選挙が行なわれることが無かったことから，これを境に樺太社会が激変したとは言えません。

さて，気候も厳しく，まだまだ低開発な樺太へ人々はなぜ移住するようになったのでしょうか。

樺太に日本人移住者を惹きつける要因となったのはまずは水産資源でした。春先になると樺太の沿岸部には大量のニシン（*Clupea pallasii*）が押し寄せてきます。このニシンの漁獲と加工のために大量の季節労働者が内地から渡るようになります。次に1914年に始まった第一次世界大戦でヨーロッパの産業が疲弊すると，紙の原料であるパルプとその原料である針葉樹の供給地として樺太が期待され，森林資源開発と製紙パルプ工場の建設が活発化します。これらの産業は，漁業料収入や森林収入という形で樺太庁財政にとっても重要な財源と

なっていました。

　しかし，樺太庁は定住人口の増加と安定した租税収入源の確保という観点から，農業開発も重視していました。水産業は漁獲量の豊凶によって，林業は伐採地域の移動によってその産業に従事する人口まで移動したり増減したりしてしまうからです。1930年代からは石炭をはじめとした鉱業も発展するようになります。樺太の開発は南から北へ，沿岸から内陸へと進んでいきました。

　経営者層を惹きつけたのは資源を商品化して国内・国際市場で販売することで得られる利益でしたが，労働者層を惹きつけたのは，水産資源や農林資源そのものではなく，そこで生まれる賃労働市場と商品市場が提供してくれる現金とその現金で購入できる内地や朝鮮などから移入された白米[30]でした。

　〈瑞穂の国日本〉という表現があるように，あたかも弥生時代から〈日本人〉全体が米食中心の生活を送っていたかのようなイメージがあるかもしれませんが，日本人全体の米食生活を実現させたのは戦時体制における配給米だったとも言われています。しかし，農学者の渡部忠世が「米食悲願民族」[31]と形容したように日本人の白米食への願望は強かったと言われています。

　樺太は気候条件から稲作が不可能なのですが，樺太に来る前は白米を食べていなかった者まで白米を食べるようになったと言われるほど，樺太には豊富な

---

※28　当時は，同じ日本帝国臣民（日本国籍者）でも，朝鮮人や台湾人と区別するため「内地人」という表現がとられていましたが，本書では便宜上「日本人」に統一します。

※29　樺太の政治状況に関しては，塩出浩之『越境者の政治史：アジア太平洋における日本人の移民と植民』（名古屋大学出版会，2015年）を参照しています。

※30　本書では，農作物としての〈米〉や〈稲〉は，*Oryza sativa* subsp. *japonica*を前提にしています。

※31　渡部忠世『日本のコメはどこから来たのか：稲の地平線を歩く』PHP研究所，1990年，75頁。

図15　樺太の農家（富内岸沢，1934年）

賃労働市場と商品市場が出現していたのです。日本人移住者たちにとって，新領土樺太は自分たちの生活の質を向上させる好機に満ちた土地と映ったのです。米の作れる内地では白米食に手の届かない経済力の人々も，米の作れない外地樺太へ来ることで白米食が実現できるという現象が市場経済を通じて発生していたのです。

　樺太への移住者の大多数は日本人でしたが，決して日本人だけではありませんでした。戸籍・国籍別に見た場合，日本人に次いで最も多かった移住者の集団は1910年に日本領となった朝鮮に本籍地を持つ朝鮮人でした。樺太の朝鮮人と言えば，1939年以降の戦時動員によって樺太へ渡った人々が日本では広く知られてきましたが，それ以前にも朝鮮人の樺太への移住は起きていました。

　1945年8月時点の樺太の朝鮮人人口は約2.4万人と推計されており，先ほどの前者を動員朝鮮人，後者を移住朝鮮人と呼ぶならば，両者の比率は2：1であり，移住朝鮮人は決して例外的な存在でありませんでした。

　また，動員朝鮮人が炭鉱や建設現場の労働者が多かったと言われる一方で，

移住朝鮮人には農林業労働者や技術者，経営者など職業的多様性が見られたほか，地方参政権が認められていたために町会議員になった者や〈創氏改名〉以前から職場などで日本名を名乗る者がいるなど社会的な多様性も見られました。

　これだけ多くの朝鮮人移住者が発生した背景には，当然ながら1910年の日韓併合によって境界が変動し朝鮮が日本領になることで，朝鮮の市場と日本の市場が国内市場として接続したことがあります。

　外国人移住者集団[32]として最も規模が大きかったのは中華民国人です。中華民国人は1920年代に季節労働者として流入していましたが，年期雇用だったので定住人口には結びつきませんでした。1930年代になると行商（ぎょうしょう）などを生業とする中華民国人たちが樺太に定住するようになりますが，それでも100人前後に過ぎませんでした。

　意外に思われるかもしれませんが，ヨーロッパ系の移住者も樺太にはいました。上述の通り1910年代以降，樺太では製紙パルプ業が盛んになり技術の先進地域であるヨーロッパの機械を導入したために，数名に過ぎませんがヨーロッパ人技術者も招いていたのです。

　また，これも例外的な事例と言えるかもしれませんが，チェコスロバキア出身のアントン・ニュルンベルガー（Anton Nürnberger）という人物は，東京のホテルで働いていたところ樺太のポーランド人の畜産業の話を耳にし，樺太へ移住し畜産加工業を始めて成功を収めました。ヨーロッパ系移住者は確かに

---

※32　以下，樺太の外国人移住者については，中山大将「樺太のエスニック・マイノリティと農林資源：日本領サハリン島南部多数エスニック社会の農業社会史研究」（『北海道・東北史研究』第11号，2018年），中山大将「サハリン残留日本人：樺太・サハリンからみる東アジアの国民帝国と国民国家そして家族」（蘭信三編著『帝国以後の人の移動：ポストコロニアリズムとグローバリズムの交錯点』勉誠出版，2013年）を参照しています。

3. なぜ国境は変わり人は動くのか？　81

数は少ないものの，技術や文化という面から見れば決して無視できない存在と言えるでしょう。

　なお，ニュルンベルガーはチェコスロバキア共和国国籍であったものの，後述する1938年のミュンヘン協定によって出身地であるズデーテン地方がドイツ国領となったため，ドイツ系住民としてドイツ国籍を取得しました。しかし，その後ニュルンベルガーは樺太を離れ，戦後はアメリカ軍によって在外ドイツ国籍者としてドイツへ送られ収容所生活を送るという皮肉な命運をたどります。

　すでに述べたように樺太の開発は，漁業や林業を中心に進展しました。当初これらの産業に携わっていたのは季節労働者が多く，樺太は〈出稼ぎ地〉であるというイメージが広まるようになりました。しかし，実際には次第に漁業・林業労働者の農業への転業や兼業，製紙パルプ業をはじめとした工業や鉱業の進展に伴う都市化などにより定住人口が増え始め，やがて樺太生まれの第二世代も現われるようになります。以下の高等小学校（現在の中学校に相当）卒業生が書いた作文の一節は，樺太を〈出稼ぎ地〉と見る第一世代と樺太を〈故郷〉と考える第二世代の認識の差異を示す良い例と言えるでしょう。


　　父の友達の人が病気でなくなった時に，亡くなった人の知合の人々が樺太三界にまで流れて来て死ぬとは気の毒なことだといった。しかし自分の如き樺太生れにあっては樺太は郷土であるから，樺太は出稼地でもなければ，流れ着いた先でもない。ここで働きここで死ぬことは何等気の毒な事柄でなく，寧ろ本望である[33]。


こうした現象は日本人に限ったことではなく，朝鮮人の中にも起きていまし

た。樺太生まれ，あるいは幼少期に家族に連れられて樺太へ渡り樺太で育った第二世代の中には，親同士は確かに朝鮮語で会話していたものの，本人自身は日本人と同郷，同窓，同僚の関係にあり，家庭の中でも先に日本語に習熟した兄姉に育てられることで日本語を生活言語としていたような人々も少なくありません。こうした移住朝鮮人第二世代にとっても樺太は当然ながら故郷と映っていたのです。

## なぜ人々は〈祖国〉から逃れようとしたのか？

　以上，1905年のポーツマス条約以降のサハリン島南半について論じましたが，以下では北半に目を向けましょう。

　ロシア政府は1906年に流刑地制度を廃止し，北サハリンは自由入植地になります。この背景としては，陸上国境で接しているにもかかわらず，ロシア領側が流刑地のままであることを日本側が問題視したことや，日本側が樺太開発に積極的な姿勢を見せたためロシア側でも北サハリンの開発を積極的に行なうべきだという意見が強くなったことなどが考えられています[34]。

　1914年にヨーロッパで第一次世界大戦が起き，ロシア帝国とドイツ帝国の間でも戦争が続く中，1917年には君主制廃止と社会主義政権の樹立を目指すロシア革命が発生し，革命勢力である赤軍と反革命勢力である白軍の内戦が展開，1922年に革命家のウラジミール・レーニン（Владимир Ильич Ленин，1870〜1924年）を最高指導者としてソ連が樹立されました。

※33　市川誠一「北方郷土人の成長」『樺太』第14巻第8号，1942年，21頁。

※34　原暉之「日露戦争後ロシア領サハリンの再定義：一九〇五〜一九〇九年」原暉之編『日露戦争とサハリン島』北海道大学出版会，2011年。

この過程において，旧ロシア帝国領の大部分はそのままソ連領になりましたが，中にはポーランドのように独立国家となる地域もありました。こうした境界変動の中で，ロシア領であった北サハリンでは何が起きていたのでしょうか[35]。

　地図を見ればわかるように，サハリンは第一次世界大戦や革命，内戦の主要な現場となったヨーロッパ地方からは遠く離れており，戦場になることは無かったものの，その分半ば孤立した状況に陥ります。1918年から1919年には日本の企業や樺太庁などが北サハリンへの産業調査隊を派遣したり，日本海軍の軍艦が北サハリン沿岸を航行するなど日本側は比較的活発に出入りしていました。

　この背景には，第一次世界大戦開始以降，ヨーロッパからの物流が滞り経済的に逼迫していた北サハリンの住民たちが，隣国の日本との貿易などの交流に期待していたことと，日本側に北サハリンへの経済的進出の意欲があったこと，また，ロシア革命を妨害すべくその他の欧米各国同様に，日本も大陸部に軍隊を派遣する干渉戦争[36]に参加し軍事的にも存在感を示していたことが考えられます。

　しかし，1920年には対岸の港湾都市ニコラエフスク・ナ・アムーレ（尼港）で，革命を推し進めようとする赤軍と軍事衝突を繰り返していた日本軍に対してだけではなく，商用などで現地に滞在していた日本人住民に対しても赤軍による攻撃がなされ，日本側が全滅に近い被害を受ける尼港事件が発生します。日本はこの事件に対する報復として軍隊をさらに派遣し，尼港だけではなく北サハリンまで占領するに至ります。

　北サハリンと尼港周辺は現地占領軍としての薩哈嗹軍政部による軍政が実施

され，日本の実効支配地域と呼べる状態にあり，国境ではないもののこれらの地域には国際的境界が発生していました。

この占領は領有化が目的だったわけではなく，尼港事件の賠償交渉をしようにもロシア側が内戦状態にあるため，内戦を終結させた政府と交渉するために，それまでの間，北サハリンを〈人質〉代わりに占領状態に置くことが名目でした。実際，1925年には日ソ基本条約により日本は北サハリンの石油利権などと引き換えに占領軍を撤退させ，北緯50度線が日ソ国境として正式に立ち現われることになります。

この1920年から1925年にかけての占領状態は〈北樺太保障占領〉と呼ばれています。この北樺太保障占領の終了による日本軍の撤兵に伴い日本人以外にも北サハリンを去る人々がいました。これらの人々はソ連が統治を始めると不利益を被ることが予想された人々です。他国の占領軍の撤退と〈祖国〉の新政府の到来を歓迎できず，〈祖国〉から逃れようとする人々がいたのです[37]。

内戦において反革命派である白軍に属していたり，あるいは北樺太保障占領において日本軍政に協力するなどした旧ロシア帝国臣民たちは，ソ連政府による弾圧をおそれ難民として北サハリンを去り，その一部は樺太へ移住しました。

ウクライナ系のマルキアン・ボリシコ（Маркіян Боришко，1885〜1960年）という人物もこの時期に敷香へと移住し牧場を開きました。このボリシコ

※35 以下，北サハリンの状況については主に，竹野学「保障占領下北樺太における日本人の活動（1920〜1925）」（『北海道大学　経済学研究』第62巻第3号，2013年）を参照しています。

※36 従来は，〈シベリア出兵〉と呼ばれてきましたが，この軍事行動の目的から近年ではこのような呼び方もされるようになっています。

※37 以下，北サハリンからの移動については，中山大将『サハリン残留日本人と戦後日本：樺太住民の境界地域史』（国際書院，2019年，88〜89頁）を参照。

と日本人女性との間に生まれた男の子は，のちに第48代横綱の大鵬幸喜（納谷幸喜，1940～2013年）となります。大鵬の孫には，相撲力士の納谷幸之介やプロレスラーの納谷幸男がおり，ボリシコの家系は今でもなお日本社会で活躍を続けています。

　また，先住民族のサハであるドミトリー・ウィノクーロフ（Дмитрий Прокопьевич Винокуров，1884～1942年）[38]は約300頭のトナカイと19人の家族や従者を引き連れ樺太へと移住しました。ウィノクーロフはもともとは大陸出身であり，先住民族でありながら移住者であるという人物であり，なおかつ極東にサハの国民国家を樹立するという野望を抱いていました。

　前述の1943年の樺太庁中央試験所の報告書でも，ウィノクーロフたちだけがトナカイを手放さず大規模な飼養を続けていると記されており，中央試験所のトナカイ飼養試験のための施設づくりやトナカイの手配もウィノクーロフたちが請け負ったとされています。

　ウィノクーロフは日本人などの訪問客と面会する場合は常に整髪し背広や革靴を着用し，近代化された姿を演出していたと言われています。ウィノクーロフには，伝統的居住域で孤立して素朴な生活を送る無欲知足な先住民族のイメージはまったく通じません。

　このほか，同時期には朝鮮人の北サハリンから樺太への流入も起きており，樺太の朝鮮人人口の増加につながりました。

　なお，日露戦争時に日本軍の捕虜となったビリチは，その後大陸側で暮らしていましたが，内戦期には白軍を支持する立場で活動していたため，1922年に赤軍に捕まり翌1923年にウラジオストクで処刑されたと言われています。

　ソ連はその後，北サハリンの開発に力を入れ，1940年には人口は約12万人

| | ロシア人 | 日本人 | 朝鮮人 | 中国人 | 先住民族 | 合計 |
|---|---|---|---|---|---|---|
| 1923年2月 | 6,800 (38%) | 5,017 (28%) | 1,535 (9%) | 1,836 (10%) | 2,738 (15%) | 17,926 (100%) |
| 1926年1月 | 7,139 (61%) | 244 (2%) | 487 (4%) | 757 (7%) | 3,002 (26%) | 11,629 (100%) |
| 1931年2月 | 30,419 (86%) | - (-) | 1,767 (5%) | 1,231 (3%) | 2,000 (6%) | 35,417 (100%) |

表2　北サハリンの人口構成

にまで増加します。しかし，その一方で，1930年代には国内政治状況の緊張が高まり，1937年に始まった日中戦争を契機に北サハリンを含む極東地域からアジア系住民の追放が実施されたほか，粛清※39の余波が北サハリンまで届き人口の約2%にあたる人々が政治的弾圧によって死刑にされたと言われています。この犠牲者たちの中には，樺太から北サハリンへ移住した残留ポーランド人も含まれていました。

　自分が属すべきはずの国家へ組み入れられることを拒否する人々が現われるという現象は，この時期の北サハリンに限られたことではありません。

　たとえば，1840年に清帝国とイギリスとの間で起きたアヘン戦争後の1842年に結ばれた南京条約によって香港はイギリス領となっていましたが，その香港が1997年に中華人民共和国に〈返還〉された際にも，大勢の中華系住民が中

※38　ウィノクーロフについては，ヴィシネフスキー　ニコライ（小山内道子訳）『トナカイ王：北方先住民のサハリン史』（成文社，2006［1994］年）および中山大将「樺太のエスニック・マイノリティと農林資源：日本領サハリン島南部多数エスニック社会の農業社会史研究」（『北海道・東北史研究』第11号，2018年）を参照しています。

※39　〈粛清〉とは，主に，社会主義体制，特にソ連において行なわれた政治的に対立する人物への死刑も含む方法での弾圧を指します。1934年から1938年にかけて当時ソ連の最高指導者であったヨシフ・スターリン（Иосиф Виссарионович Сталин，1878～1953年）によって行なわれたものは〈大粛清〉とも呼ばれており，対象者は指導者層に限らず社会全体に広げられ，最後の2年間だけでも700万人が逮捕され，うち100万人が処刑されたとも推計されています（原卓也監修『ロシア』新潮社，1994年，42～44頁）。

3. なぜ国境は変わり人は動くのか？　87

国政府による社会主義化に不安を覚え国外へ移住しました。また，香港では返還後50年間は一国二制度の原則により法制度の本国化がされないはずでしたが，近年進められている法制度の変更が本国化につながるとして，本書執筆中の2019年の春から秋にかけても現地住民による抗議運動が繰り広げられ続けています。

3. なぜ国境は変わり人は動くのか？　89

## 4. なぜ越えられない国境があるのか？

## なぜ日本人は樺太から引揚げたのか？

　ここまで，境界変動によって発生する変化をサハリン島を事例に見てきました。ただし，ここまでの境界変動とは，境界の位置の変化のことを主に指していましたが，境界変動には位置の変化だけではなく，境界を越境するための条件の変化も含まれています。本章では，〈透過性〉という概念から1945年8月以降のサハリン島の状況を見てみましょう[1]。

　日本は1937年に中華民国と，1941年に英米との戦争を開始します。この時期には戦争はアジア・太平洋地域だけで起きていたわけではなく，ヨーロッパや北アフリカでも英米ソなどからなる連合国と，ナチ・ドイツやイタリア王国を中心とした枢軸国との間で戦争が展開しており，日本は枢軸国であるナチ・ドイツやイタリア王国とは同盟関係にありました。

　この一連の第二次世界大戦において，日本とソ連とは敵対する陣営に属し国境を接しながらも，1941年に締結されていた日ソ中立条約により交戦しない状態が続いていましたが，ソ連は1945年8月9日に対日参戦を表明し，日ソ戦争[2]が始まり，樺太も8月11日以降，本格的に戦場となります。

---

※1　以下，1945年8月以降については，主に中山大将『サハリン残留日本人と戦後日本：樺太住民の境界地域史』（国際書院，2019年）を参照しています。なお，1945年8月時点の樺太の人口や緊急疎開，脱出，密航，引揚げの人数については，資料によって相違があり，これらの点を詳細に比較分析した研究として，竹野学「樺太からの日本人引揚げ（1945〜49年）：人口統計にみる」（今泉裕美子ほか編『日本帝国崩壊期「引揚げ」の比較研究』日本経済評論社，2016年）があります。

※2　従来，1945年8月9日以降のソ連軍と日本軍の武力衝突は〈ソ連対日参戦〉のような表現で呼ばれてきましたが，近年の近代史研究ではこの武力衝突の戦争としての側面を強調するために〈日ソ戦争〉という表現が用いられることが多くなっています。また，ロシア語でも〈日ソ戦争〉という表現を用いています。これは，ソ連にとっての対独戦争を指す〈大祖国戦争〉と対日戦争である〈日ソ戦争〉が区別されているからでもあります。

4. なぜ越えられない国境があるのか？　91

このため樺太庁と日本軍の用意した船による〈緊急疎開〉や漁船などを使った自力の〈脱出〉によって住民の北海道への避難が始まります。8月23日にソ連軍が樺太の樺太庁の所在していた豊原を占領することでこの流れが止まってしまいますが，それまでに約8.8万人が北海道へ移動したと推計されています。

樺太全体がソ連の実効支配下に置かれることで，宗谷海峡に新たな境界が現われました。そしてこの新たな境界は，ソ連が宗谷海峡の航行を禁止したため，その透過性はきわめて低い状態でした。それ以降も，ソ連の監視の目をかいくぐって北海道へと渡る〈密航〉が起きており，1946年12月までにこの〈密航〉で2.4万人が北海道へ渡ったと推計されています。

翌1946年2月，ソ連政府は今次の日ソ戦争によって自身の実効支配下に置いた樺太と千島の領有を宣言します。ただし，この段階では日本政府は樺太と千島の領土権放棄を宣言していません。

1945年9月以降，ポツダム宣言で日本が領有権を放棄すべきとされていた外地や勢力圏からの日本人の〈引揚げ〉が始まり，約320万人の日本人民間人がそれらの地域から日本本土へと移動し，それとほぼ同数の軍人・軍属が戦地から日本へと〈復員〉しました。両者のうちの99％は1949年までの期間に集中しています[3]。

樺太の場合，1946年12月から1949年7月にかけて約28万人が樺太から日本へと引揚げました。引揚げは自分の都合で帰還時期を決定できるわけではありませんでしたが，それでも閉ざされた宗谷海峡を合法的に渡ることができたため，それまでと比べて日ソ境界の透過性が高くなったと言うことができます。

また，同時期には，日本にとってもソ連にとっても外国人であったポーランド共和国国籍者の一部や中華民国国籍者の大部分がサハリン島から退去し祖国

へと帰還しています。

　では，なぜこのような移動が発生したのでしょうか。その理念的背景として，〈国境と民族の一致〉という国民国家主義的理念があります。また，境界変動に際して〈国境と民族の一致〉の不徹底は新たな国際紛争の原因になるという歴史的教訓もありました[4]。

　たとえば，前述のニュルンベルガーの出身地であるズデーテン地方は，チェコスロバキア共和国領でありながらドイツ系住民が多いという〈国境と民族の不一致〉が起きていた地域でした。ドイツ系住民の多さを理由にしてナチ・ドイツが1938年にチェコスロバキア共和国に同地域の割譲を求めたのに対して，第一次世界大戦の記憶も生々しく厭戦気分の強かったヨーロッパ国際社会がその要求に譲歩し，同地域をドイツ領に編入するためのミュンヘン協定を容認したことがナチ・ドイツの最高指導者アドルフ・ヒトラー（Adolf Hitler, 1889〜1945年）のさらなる領土的野心を招いたと認識されていました。

　また，第二次世界大戦後の日本人引揚げ政策については，現地社会の政治経済的上層にあった日本人住民を排除することで自分たちに有利な戦後秩序を作りたいという現地の新政府の思惑も関係しています。

　ただし，樺太について言えば，ソ連，特にサハリン現地の政府機関は日本人住民の〈引揚げ〉には消極的であったと言われています。その理由としては，ソ連人の移住が進む前に日本人の引揚げだけを先行して完遂させてしまえば，南

---

※3　厚生省援護局編『引揚げと援護三十年の歩み』厚生省，1977年，689〜690頁。

※4　吉川元『国際平和とは何か：人間の安全を脅かす平和秩序の逆説』中央公論新社，2015年，102〜110，147〜148頁。

4. なぜ越えられない国境があるのか？　93

サハリン[5]が一気に過疎地になってしまい，日本が残した各種工場設備やインフラの引き継ぎができなくなってしまうおそれがあったからと言われています。

　それにもかかわらず，なぜ樺太の日本人たちは引揚げたのでしょうか。その背景としては，ソ連人の移住だけではなくロシア語の実質的公用語化や社会主義制度の導入が進んでおり，日本本国とも分断され，たとえそのまま残ったとしても，そこはもはや自分たちの故郷〈樺太〉ではなく，ソ連領〈サハリン〉に過ぎず，従来通りの生活は望みようもないという状況が生まれていたことが挙げられます[6]。

## 境界の透過性の変動は何をもたらすのか？

　1949年7月には，南サハリンからは日本人の姿はほぼ消えました。そして日ソ境界の透過性は再びきわめて低位の状態に陥ります。ソ連と日本はお互いにまだ講和条約を結んでいない交戦国であり，なおかつ冷戦体制では敵対する陣営に属する国家であるため，国際的移動を厳しく制限していました。

　引揚げ終了後も，南サハリンには日露戦争後の樺太同様に〈残留者〉が発生していました。最も多いのは，ポツダム宣言で朝鮮の日本からの独立が決まっていたために〈引揚げ〉の対象に含まれなかった約2.4万人の朝鮮人，次に，妻子などの形で朝鮮人の家族となっていたり，職場から引揚げ許可を得られなかったり，冤罪・微罪を含め服役し引揚げ終了後に釈放されるなどして引揚げの機会を逃した約1,500人の日本人です。

　朝鮮人の残留は，自分たちの国民国家の建国が約束されたことで旧日本帝国臣民から分離されたために起きたとも言えます。樺太の残留韓国人たちが，1910年の日韓併合で祖国が消滅し日本帝国臣民に編入されたことで在日外国

人としての権利制限が解除され生活が向上したということともあわせて考えて
みると，なんとも皮肉です。

　残留朝鮮人自身にとって，この事態はどう受け止められていたのでしょうか。
ソ連樺太侵攻時に少年であったある残留朝鮮人は，老境に至ってから次のよう
に回顧しています。


　　　あらためて言えるのは，日本軍国主義圧制から解放されたというサハリ
　　ン朝鮮人は，なぜ今度は故国へ帰る自由を奪われてしまったのかである。
　　悪辣な日本軍国主義時代の戦時中でもせめて，故国との文通などの面では
　　自由があったではないか。
　　　このような矛盾は，ソ連では到底解決されるものではなかった。ソ連軍
　　は，われわれサハリン朝鮮人を日本軍国主義者の手から奪い取っただけだ
　　といった方が，真実に適合した表現と言えそうだ[7]。


※5　現在では，日本領樺太に対して〈南樺太〉という呼称が用いられることがありますが，日本領
　　時代には〈北樺太〉との混同を避ける場合を除いては〈南樺太〉という表現はほとんど見られ
　　ません。〈南樺太〉という言葉が多用されるようになるのはむしろソ連による占領以降であり，
　　ソ連側が樺太地域のことをロシア語で「南サハリン」と呼称したのを日本語で「南樺太」と翻
　　訳したことで広まった表現ではないかと思われます。

※6　南サハリンのソ連化過程に関する公文書を用いた研究として，サヴェーリエヴァ　エレーナ（小
　　山内道子訳，サハリン・樺太史研究会監修）『日本領樺太・千島からソ連領サハリン州へ：
　　一九四五年－一九四七年』（成文社，2015［2012］年）が挙げられます。同書掲載の拙稿「旧
　　住民から見たサハリン島の戦後四年間」では，日本人の引揚げとソ連人の移住が同時に進む中
　　で生まれた日ソ共住生活の一端について紹介しています。

※7　李炳律『サハリンに生きた朝鮮人：ディアスポラ・私の回想記』北海道新聞社，2008年，111
　　〜112頁。

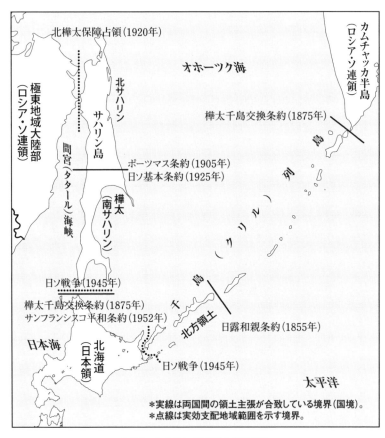

図16　サハリン島周辺の境界変動

現在の韓国と北朝鮮では，8月15日はそれぞれ〈光復節〉，〈祖国解放記念日〉とよばれています。これは1945年8月15日を日本の支配から解放された日ととらえているからです。しかし，上述の回顧は樺太の朝鮮人たちにとっては〈光復〉も〈解放〉も訪れていなかったことを示す例と言えるでしょう。

　〈残留者〉と呼ぶにはふさわしくないかもしれませんが，先住民族や旧露国人，祖国へ帰還しなかった一部のポーランド国籍者なども南サハリンでの居住を続けていました。境界変動が，旧住民の退去だけではなく，残留も発生させることが理解できるかと思います。

　1951年，日本政府はサンフランシスコ平和条約に調印します。この条約は英米を中心とした西側陣営の交戦国と日本の間の講和条約でした。この条約によって日本は正式に樺太の領有権を放棄したため，前述の通り同地域は帰属未定地であるとしつつも，宗谷海峡上の境界は日本にとっても国境へと変化しました。ただし，冷戦が進行し当時アメリカとの関係が悪化していたソ連はこの条約には加わっておらず[8]，日ソ国境の透過性にはほとんど影響を与えませんでした。

　1956年，日ソ共同宣言が発表され，日ソ国交正常化が実現します。この共同宣言は平和条約ではありませんが，正式に日ソ戦争の終結を宣言するとともに，

---

[8]　また，当時内戦継続中であった中華民国と中華人民共和国，韓国と北朝鮮もこの条約には加わっていません。韓国の李承晩（이승만，1875〜1965年）大統領は同条約の調印と発効の間の1952年1月に，同条約では「朝鮮」の領土として明記されなかった竹島（独島）を韓国領に含める独自の「李承晩ライン」を宣言し，1954年には同島の実効支配を開始しました。その後の政権もこの領有権主張を継承していることが日韓の竹島/独島領有権問題の一因となっているほか，同島は日韓両国，とりわけ韓国では愛国的なシンボルとしての機能を強く担わされ続けています（岩下明裕『入門　国境学』中央公論新社，2016年，112〜119頁）。

4. なぜ越えられない国境があるのか？　97

未帰還シベリア抑留者[9]の日本への即時送還や，平和条約交渉の開始，平和条約締結後の色丹島と歯舞群島の日本への返還などが約束されました。平和条約が締結されないままソ連は解体し，その後継国家であるロシア連邦とも未だに平和条約は締結されていませんが，抑留者の送還は共同宣言発表後にただちに行なわれ，1956年12月に最後の送還で約1,000人が日本へと帰還しました。

そして，それに続きソ連領内の日本人の送還として，サハリン残留日本人の集団帰国も実施され，日本への帰国意思を表明していた残留日本人約800人が7次にわたり日本への集団帰国を果たしました。つまり，日ソ国交正常化が日ソ間の透過性を向上させたのです。

ただし，それでもこの時期の日本への帰国は，あくまで一度ソ連を出国すれば二度とサハリンを含めたソ連領内へは戻れないということが前提であり，そのために帰国を躊躇した人々も多数いたと考えられます。国交が回復したと言っても，お互いに冷戦体制の中の敵対陣営に属することに変わりはなく，国境の透過性は低位の状態が続きました。

集団帰国自体はソ連側の意向で，1959年に打ち切られますが，その後も帰国希望者のうちソ連政府が出国許可を認めた者については個別帰国という形で日本への帰国を果たしていきます。

また，集団帰国・個別帰国とそれ以前の引揚げの大きな違いは，日本人と世帯関係にあれば朝鮮人でも一緒に帰国できたということです[10]。朝鮮人と家庭を築いたために引揚げを断念した人々は残留日本人の7〜8割を占め，そのほとんどが女性であったと推計されますが，集団帰国・個別帰国ではその半数ほどが帰国するようになったのです。日本領時代に比べれば透過性ははるかに低いと言わざるを得ないものの，サハリンと日本との間の国境は完全に閉ざされて

いたわけではありませんでした。

　しかし，この段階でも帰国を希望する日本人のすべてが帰国できたわけでは
ありませんでした。たとえば，残留日本人の中には，日本の家族から，朝鮮人と
の結婚を理由に帰国を拒まれたという話も残っています。日本国外務省の文書
の中にも，帰国手続きに必要な日本の家族からの呼び寄せ状が，朝鮮人家族へ
の忌避感からなかなか届かず手続きが滞っているという記述が残っています。
以下は，手紙を出しても返事をくれない日本の家族に残留日本人が1956年に再
度送った手紙の写しの中の一節です。最終的に，この人物は私の調べた限り

※9　満洲，樺太，千島など日ソ戦争でソ連軍の占領下に入った地域で武装解除した日本軍の将兵の
　　大部分はソ連領内へと移送され，シベリア地域を中心としたソ連の低開発地域に設けられた約
　　80ヶ所のラーゲリ（収容所）で森林伐採や土木建設工事などの労働を課せられました。これを
　　一般的には〈シベリア抑留〉と呼んでいます。抑留者の人数については諸説あり，40〜70万人
　　と考えられています。このすべてが日本人将兵というわけではなく，民間人や日本帝国臣民と
　　して日本軍に従軍していた朝鮮人や台湾人，先住民族も含まれています。1956年までに約50
　　万人が日本へ送還され，現在名簿などから把握できている抑留中の現地死亡者は約5〜6万人と
　　されています。ただし，様々な事情から本国送還の機会を逃してソ連領内で暮らし続ける人々
　　も少なからず存在しました。なお，シベリア抑留をめぐっては，速やかな本国への送還を含む
　　捕虜に対する人道的措置を定めたジュネーブ条約やハーグ陸戦条約に違反するという批判や，
　　ラーゲリはシベリア地域以外にも設置されたほか日ソ戦争にソ連の同盟国として参戦していた
　　モンゴル人民共和国へ移送された人々もいたため〈シベリア抑留〉という表現は適切ではない
　　という意見，ソ連占領以後の南サハリンの日本人も抑留者としてとらえる見解もあります。（富
　　田武『シベリア抑留者たちの戦後：冷戦下の世論と運動　1945−56年』人文書院，2013年）

※10　なお，日本政府の資料では，〈後期引揚げ〉〈個別引揚げ〉などの表現で呼ばれていますが，こ
　　のように朝鮮人家族の同伴が可能であったことのほか，1946年から1949年にかけての〈引揚
　　げ〉が，当時南サハリンの領有を宣言していたソ連と，日本を占領していたアメリカとの間の
　　協定に基づいていたのに対して，1957年以降の移動は日ソ間の問題として対応されたことか
　　ら，〈帰国〉という表現を本書では用います。

4. なぜ越えられない国境があるのか？　99

2010年代にサハリンで亡くなっています。

　　私は朝鮮人の妻になつたのでお姉さん達は怒つている事でせうね。私は樺太に残りたくて残つたのでは有りません。事情はおわかりの事と思います[※11]。

　日本社会の朝鮮人差別は，サハリン残留日本人の帰国を阻む要因としてもはたらいたのです。境界の法的，政治的な透過性だけが，越境移動の可否を決めるわけではありません。
　また，1977年以降，個別帰国者は皆無になります。その背景としては，帰国希望者のうち条件を備える者が大方帰国してしまったことも考えられますが，1976年に日本への帰国を希望した残留日本人が，父親が朝鮮人であったために北朝鮮へと強制移住させられるという事件が起きていたことや，同年にソ連軍

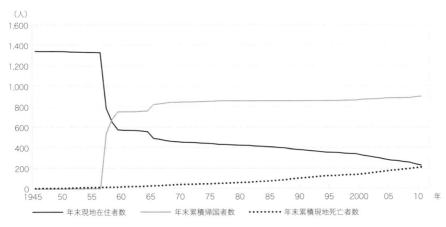

図17　サハリン残留日本人の人口推移

のヴィクトル・ベレンコ中尉（Виктор Иванович Беленко, 1947年〜）が亡命を求めてミグ25型戦闘機で函館空港へ着陸したため日ソ関係が悪化したことも無視できません。

また，その10年ほど前にすでに日本政府自体がサハリン残留日本人の受け入れにかつてほど積極的ではなくなっていました。その理由は，戦後20年近くが経ったため残留日本人の子どもたちの中には日本語も日本社会も知らないソ連育ちの世代が増えてしまったこと，朝鮮人家族も入国することで在日朝鮮人が増加してしまうことへの懸念がありました。

そして，1988年には国会の場で政府の担当者が，その時点で消息が判明しているサハリン残留日本人はすべて「自己意思残留者」であると明言するに至ります。つまり，日本政府がサハリン残留日本人の帰国を支援する必要はもうないということです。

しかし，実際には帰国意思を持ちながらも帰国できない人々も大勢いました。皮肉にも翌1989年には，ソ連政府がサハリンの外国人立入禁止区域指定を解除しました。これは弱体化したソ連が社会経済的停滞を打破するために行なった改革[12]の一環でした。

---

[11] 中山大将『サハリン残留日本人と戦後日本：樺太住民の境界地域史』国際書院，2019年，219頁。

[12] 1985年，ソ連のミハイル・ゴルバチョフ書記長（Михаил Сергеевич Горбачёв, 1931年〜）は，ソ連の社会主義計画経済の停滞や政治的価値観の多様化などに対応するために，「建て直し」を意味する「ペレストロイカ」と情報公開を意味する「グラースノスチ」を掲げ，一党独裁体制から大統領制や複数政党制への移行，私的所有権の強化や市場経済の導入などを試みました。一方で，こうした政治経済的中央集権制の問題を是正しようとする一連の改革の中で，連邦を構成する諸共和国からは分権を求める声があがるようになり，ソ連の解体へとつながりました。（原卓也監修『ロシア』新潮社，1994年，46〜47頁）

この透過性の大幅な向上により，元住民をはじめとした一般日本人旅行者の入域が可能となり，そこでそうしたサハリン残留日本人と出会い，帰国支援のための市民運動が始まっていくことになります。そして，米ソによる冷戦終結宣言後の1990年には，冷戦期には困難であった残留日本人の一時帰国が実現し，翌年には永住帰国も再開し始め，それが恒常化していきます。

　残留朝鮮人も冷戦下では韓国への帰国の道は閉ざされていました。

　朝鮮半島には1948年にソ連を後ろ盾とする北朝鮮とアメリカを後ろ盾とする韓国というふたつの国民国家が併存する状態が生まれ，武力統一を図った北朝鮮によって1950年に朝鮮戦争が引き起こされましたが，やがて膠着状態に陥り1953年に休戦協定が結ばれ，現在まで終戦には至っていません。北朝鮮と韓国の間の〈38度線〉は国境ではなく，軍事境界線のまま60年以上が過ぎているのです。

| 1945年（緊急疎開開始前） | | 1949年（引揚げ完了後） | | 1988年（韓国永住帰国開始前） | |
|---|---|---|---|---|---|
| 日本人（内地籍） | 358,568 | 日本人（内地籍） | 約1,500 | 日本人（旧内地籍） | 約400 |
| 朝鮮人（朝鮮籍） | 23,498 | 朝鮮人（朝鮮籍） | 約23,000 | 朝鮮人（ソ連籍） | 約32,000 |
| 先住民族（アイヌ除く） | 406 | 朝鮮北部労働者 | 約26,000 | 朝鮮人（無国籍） | 2,621 |
| 外国人 | 238 | 高麗人 | 約2,000 | 朝鮮人（北朝鮮籍） | 456 |
| 樺太総人口 | 382,713 | サハリン州総人口 | 約487,000 | サハリン州総人口 | 約717,400 |

注1）「サハリン州」には北サハリンとクリル（千島）列島も含まれている。「サハリン州総人口」と各内訳合計との差分は，概ね北サハリン在住者とソ連大陸部からの戦後移住者およびそれらの子孫であると考えられる。なお，1940年の北サハリン人口は約117,000人。1941〜45年の正確な人口統計は未見。

注2）1945年の「日本人」には，〈アイヌ〉も含まれている。また，表中に内訳がないものの1945年の「樺太総人口」には「台湾人」3人も含まれている。1949年，1988年の「日本人」人口は定義によって異なるのと死亡年が不明の者がいるため概数で示してある。

注3）1988年の各「朝鮮人」は〈民族籍〉が〈朝鮮民族〉の者なので，「高麗人」全般，定住・ソ連国籍取得北朝鮮人，民族籍が〈朝鮮民族〉である「日本人」，戦後生まれの〈朝鮮民族〉も含まれている。

表3　サハリン残留日本人・朝鮮人の人口推移の概要

韓国にとって北朝鮮は敵国であるため，その友好国であるソ連もまた敵対国とみなされていました。そのため，サハリンと韓国の間では，移動はおろか通信さえほとんど不可能な状態が冷戦下では続きました。

　一方で，ソ連と同じ東側陣営に属する北朝鮮は，1950年代末から1960年代前半を中心に積極的にサハリン残留朝鮮人の〈帰国〉を促し，実際に一部は北朝鮮へと帰国しましたが，もともと北朝鮮地域出身者が少なかったことと，北朝鮮の状況が危ぶまれたことなどから，日本人の引揚げのような大規模な移動には至りませんでした。

　冷戦期の集団帰国で日本人妻と共に日本へと〈帰国〉した朝鮮人たちの一部は，サハリンに残る朝鮮人たちの帰還や韓国の家族との文通，再会を実現するために「樺太帰還在日韓国人会」を結成し活動を開始し，日本や韓国本国の支援者の協力も得て，1975年には朝鮮人の残留とその帰還に対する日本政府の責任を追及する「樺太裁判」を起こすに至ります。

　冷戦期の韓国政府は，サハリン残留朝鮮人の韓国への帰還に対しては，敵対国で長期間生活した経験があることや，帰国後は経済的に困窮することが明白であったことなどからきわめて消極的な姿勢をとり続けました。しかし，韓国国内で軍事政権が国民の支持を失い民主化の動きが高まりつつあった1988年に，前記の活動の成果もあり，サハリンから韓国への永住帰国が実現し，その後恒常化するようになります。

　ソ連という巨大国家が解体に向かう過程の中で生じた国境の透過性の向上が，残留日本人と残留朝鮮人の帰還を実現させていくことになったのです。

## 国籍は誰のためにあるのか？

さて，最後に国籍の問題についてふれておきたいと思います。

前章でふれた先住民族ウイルタのゲンダーヌは，1942年から日本軍の特務機関員として動員されていたため，戦後はソ連軍の捕虜となり日本の軍人としてシベリア抑留を経験し，1955年に日本へと送還されました。そして，ゲンダーヌは軍人恩給[13]を日本政府に申請しました。日本軍の一員として日ソ戦争を戦ったという認識があったからです。

しかし，この申請を日本政府は認めませんでした。その理由は，ウイルタであるゲンダーヌは日本領時代に内地戸籍に入っていなかったため，日本政府にとっては〈日本国民〉とみなせず軍人恩給の対象ではないというものでした。

また，冷戦期のサハリン残留日本人の集団帰国にあたって，サハリンの港まで迎えに来た日本政府担当官が引き取りを拒否する例がいくつか発生していました。

そのうちのひとつの事例では，ソ連側が日本人として認めて出国を許可したものの，日本の船に乗ってからの聴取で本籍地が朝鮮であることが発覚した事例です。この人物は，朝鮮人を両親に持つものの幼少期に日本人夫婦の養子となっていたため，自分のことを日本人と思っており，なおかつ日本人である妻は緊急疎開で先に日本へと渡っているので，日本へ帰って妻子を探し出してまた一緒に暮らしたいと考えていました。

しかし，戦後の日本政府にとって，〈日本国民〉であるかどうかの基準は内地（樺太を含む）に本籍地があるかどうかでした。このため，日本側の担当官は，養子縁組によって本籍地を朝鮮から内地へ移したという証拠が無い以上，帰国船への乗船資格は無いと主張しました[14]。

1990年代以降の残留日本人の帰国をめぐっても類似した事例が見られました。あるサハリン残留日本人が日本への帰国を日本政府に申請したところ，日本政府はこの申請を却下しました。その理由は，日本人である母親と朝鮮人である父親が日本帝国期に法律に則って婚姻しており，当時の戸籍制度上その時点で母親の本籍地が朝鮮に移ってしまっているために，その両親の間に生まれたこの残留日本人はあくまで朝鮮籍者であり，サンフランシスコ平和条約によって朝鮮の領有権を放棄した現在の日本政府は朝鮮籍者を日本国民として認めることはできないということでした。

　これらの事例は，自己認識と政府側の認識との差によって生じたものです。ゲンダーヌは日本軍と共に日ソ戦争を戦いました。あとのふたつの事例も日本帝国期であれば，日本帝国臣民であり日本国籍者でした。近代日本が法治国家である以上，法律は厳正に運用されるべきです。ただ，その一方で，境界変動がこのような事態を生んでしまうということへの想像力は失われてはならないはずです。


※13 「恩給」とは，「旧軍人等が公務のために死亡した場合，公務による傷病のために退職した場合，相当年限忠実に勤務して退職した場合において，国家に身体，生命を捧げて尽くすべき関係にあった，これらの者及びその遺族の生活の支えとして給付される国家補償を基本とする年金制度」のことで，旧一般兵士の場合，最短恩給年限は12年であり，ゲンダーヌの場合は，シベリア抑留の期間も含めて申請資格があると解釈できます。（「恩給制度の概要」総務省Webサイト（http://www.soumu.go.jp/main_sosiki/onkyu_toukatsu/onkyu.htm［最終閲覧日：2019年8月1日]）

※14 このような問題が起きた背景には，ソ連が1946年以降実施した住民登録において〈民族籍〉については，実質的には自己申告だったため本籍地が朝鮮でも〈日本民族〉と回答した人々がおり，ソ連当局にとっては，そうした人々は日本人とみなされてしまったことも挙げられます。なお，最終的にはこの人物は帰国船に乗ることができました。

# おわりに：〈歴史〉は〈未来〉である

〈歴史〉は〈過去〉の事柄である，ということは間違いがありません。ですので，〈歴史は未来である〉という言葉は矛盾しているように見えます。ただ，我々は歴史から何を得ることができるのか，ということについて考える時にこの言葉の意図が理解できるのではないかと思います。

　人類は神話なども含めて様々な形態で過去を記憶，記録しようと努めてきました。そしてまた〈歴史とは何か？〉という問いかけも何度も繰り返され，様々な答えが提示されてきました[1]。どの答えが〈正しい〉のかという問いかけはあまり生産的ではありません。重要なのは，今を生きる我々にとって〈歴史〉はどんな意味を持つのかということです。より直截的に言えば，〈歴史はどう役に立つのか〉ということです。

　大学で日本史の講義を担当して驚くことがありました。私の講義に参加した複数の学生が感想票に〈何を覚えたらいいのかわからない〉と書いていたからです。本書のシリーズ第1巻[2]の副題は「史的な思考法」でした。〈史的な暗記法〉ではありません。多くの歴史研究者にとって〈歴史〉とは〈考える〉ためのものであって，〈覚える〉ためのものではないのです。このことについて本書の内容を振り返りながら考えてみましょう。

　本書ではサハリン島を事例に，境界変動の歴史について論じてきました。サハリン島の歴史を通じて理解できるのは，境界変動も，またそれに付随して起きる様々な現象も，国民国家という枠組みを前提として起きているということ

---

※1　著名なものとして，カー　E. H.（清水幾太郎訳）『歴史とは何か』（岩波書店，1962 [1961] 年）があります。また，古代中国や古代ギリシャから現代日本までの歴史観や歴史論を総覧したものとして，楠家重敏『「歴史とは何か」の歴史』（晃洋書房，2016年）が挙げられます。

※2　上田信『歴史総合パートナーズ1　歴史を歴史家から取り戻せ！：史的な思考法』清水書院，2018年。

です。つまり，国民国家体制が今後も続く以上は，境界変動もその付随現象も繰り返され続ける可能性があるということです。

　1956年の日ソ共同宣言以降，経済分野も含めて〈北方領土〉をめぐる交渉は日ソそして日ロ間で幾度となく行なわれ，そのたびに日本では〈返還〉への期待が高まるということを繰り返してきましたが，本書執筆中の2018年11月に行なわれたシンガポールでの日ロ首脳会談は再びその期待を高めました。

　北方領土返還は日本，あるいは東アジアにおいて最も可能性の高い境界変動のひとつです。しかし，そのことについて日本国民はどれだけ具体的な想像力を持っているのでしょうか。

　現在，北方領土に暮らしているロシア国民は，北方領土が日本に返還されれば，日清戦争後の台湾住民のように日本国籍を付与されるべきでしょうか，日露戦争後の樺太の残留露国人のように日本国籍を与えず在日外国人として扱い続けるべきでしょうか，それとも第二次世界大戦後の日本帝国外地各地のように〈国境と民族の一致〉の原則によって退去させるべきでしょうか，あるいは住民自身にこれらの選択権を無期限に認めるべきでしょうか。

　ソ連解体の前後は日ソ・日ロ関係が見直される時期でもあり，1992年に日ロ双方の外務省が共同して作成した『日露間領土問題の歴史に関する共同作成資料集』では，返還後の住民について，「これらの島々の住民の利益に配慮していく」，「現在これらの島々に居住しているロシア国民の人権，利益及び希望を十分に尊重していく」[3]と明記しています。しかし，「配慮」「尊重」とは具体的には何のことなのでしょうか。

　本書執筆中の2019年5月，北方領土へのビザなし交流[4]で訪島した日本のある国会議員が，北方領土の日本人元住民に向かって武力での領土奪還の是非に

ついて尋ねるということが起きました。

　この議員の質問に対して，元住民の方はきっぱりと武力行使による奪還には反対の意を表わしました。ソ連軍の侵攻によって引揚げを余儀無くされた経験を持つ以上，領土返還にあたって同様のことが起きてはならない，ロシア政府に対する報復の論理ではなく，ロシア国民住民に対する共感の論理によって北方領土問題を解決すべきだとこの元住民の方は考えているのだと思います。

　歴史を学ぶということは，単に何が起きたのかを知るだけではありません。歴史の中に現われる人々の経験や心情にまで共感を及ぼすことも歴史を学ぶ上で大切なことです。

　〈戦争〉〈引揚げ〉〈残留〉を〈悲劇〉ととらえ〈二度と繰り返してはならない〉と思うことは間違った感性ではありません。しかし，本当に〈二度と繰り返してはならない〉と思うのであれば，もう一歩進んで人類の類似した経験を比較し一般化をする必要があります。〈歴史〉を〈物語〉として〈読む〉のではなく，〈科学〉として〈考える〉ということです。

　ロシアのウラジミール・プーチン大統領（Владимир Владимирович

※3　日本国外務省，ロシア連邦外務省共編『日露間領土問題の歴史に関する共同作成資料集』日本国外務省，ロシア連邦外務省，1992年，3頁。日本国外務省Webサイトより閲覧（https://www.mofa.go.jp/mofaj/area/hoppo/1992.pdf ［最終閲覧日：2018年11月3日］）。

※4　1991年，ソ連のミハイル・ゴルバチョフ大統領は北方領土をめぐる日ソ交流を促進するために相互訪問を提案しました。しかし，日本政府が領有権を主張しながらもソ連政府が実効支配している北方領土に日本人が入域する場合は，本来であれば外国人としてビザ（査証）を所持しなければソ連政府としては入域を許可できず，日本側の公式訪問団がそのようにして入域すれば，日本政府が北方領土をソ連の領土であると認めたことになってしまうという問題に直面しました。そこで，通常のビザではなく特別な身分証によって出入域を許可する取り決めが設けられました。これがいわゆる「ビザなし交流」「ビザなし訪問団」で，ソ連解体後もロシア連邦との間で継続されています。

Пути́н, 1952年〜）はあるインタビューの中で，ソ連の解体について「一番重大なのは，ソヴィエト崩壊後，2,500万人のロシア人が一夜にして，自分の住んでいる所を外国にされてしまったということです。あれは，20世紀の大惨事のひとつです。」[5]と発言しています。1991年のソ連解体を経験し，今なおクリミア問題などに直面するロシアにとって，境界変動は本の中や地図の上の〈物語〉ではなく，〈いま〉の現実的な問題と言えるでしょう。

　境界の移動だけではなく，透過性の変動についても同様のことが言えます。近年，日本の難民申請総数に対する受け容れ数の割合が欧米に比べてはるかに小さいことが批判される一方で，日本政府は国内労働力不足に対応するために出入国管理法を改正し実質的に外国人労働力の門戸を広げる方向へと動いています。

　誰をどのような名目で日本へ入れるのか入れないのか，どのように日本社会が受け容れるべきなのか排除すべきなのか，そうした問題はもはや目をそむけることのできない問題になっています。そしてこの問題は国家の制度だけではなく，社会の在り方，個々人の考え方や日々の行動の問題でもあります。そして，〈国境は誰のためにある？〉と問いかけ，答えを考えるための材料は，実は歴史の中に豊富に蓄積されているのです。

　また，本書執筆中にも，大坂なおみやケンブリッジ飛鳥，サニブラウン・アブデル・ハキーム，八村塁などの活躍が次々とメディアで報道されました。こうしたアジア以外の地域の出身者を親に持つスポーツ選手たちが世界的に注目されるようになることで〈日本国民〉の多様性は視覚的にも明白なものとなってきました。しかし，日本社会内部の多様性は，古代国家としての日本が成立した時にすでに存在していました[6]。その千数百年にわたる歴史に目を向け，さら

に人類全体の歴史に絶えず目を向け続けることは，我々の未来を考える上で決して無駄なことではないはずです。

　みなさんも〈歴史は繰り返す〉という言葉を聞いたことがあるかもしれません。古代ギリシャから言い古されてきたこの言葉を，あきらめの気持ちとともに不本意な〈運命〉を受け入れるための言葉と解釈する人もいるかもしれませんが，本書の読者なら，歴史を学べば我々はよりよい〈未来〉を選択できるのだということを示す言葉と解釈できるはずです。

　歴史は，〈いま〉を知り〈未来〉を考えるために〈役に立つ〉のです。


【第2刷によせて】
　本書は2019年に出版されてから5年後に第2刷として再度出版されました。その5年間の間に，2020年2月以降のCovid-19のパンデミック（世界的蔓延）や2020年12月のイギリスのEU離脱，2022年2月のロシアによるウクライナ侵攻，2023年10月のパレスチナ・イスラエル戦争など，国境・境界をめぐる多くのことが起きました。これらのことは，いずれ教科書にも載ることになるはずです。本書第2刷では，これらの事態を受けて内容を書き変えることはあえてしていません。2019年時点でひとりの歴史研究者がどのように当時の世界を見ていたのかの記録としてみなさんに読んでもらい，たった5年でどれくらい世界が変わってしまうのかを実感してほしいと思ったからです。ぜひ，いま世界で起きていることをこの本で学んだ視点から眺め直し〈歴史は未来である〉という言葉の意味を自分なりに考えてみましょう。そして，もしみなさんが少しでも〈歴史は役に立つ〉と思ってくれたなら，著者としてまた歴史研究者としてとてもうれしいです。


※5　「オリバー・ストーン オン プーチン」NHK-BS1, 2018年3月1日放映（原題：*The Putin Interviews*, Showtime Documentary Films, USA, 2017）。
※6　網野善彦『「日本」とは何か』講談社, 2008（2000）年。

引用文献一覧

秋月俊幸『日露関係とサハリン島：幕末明治初年の領土問題』筑摩書房，1994年。

秋月俊幸『日本北辺の探検と地図の歴史』北海道大学図書刊行会，1999年。

秋山審五郎『樺太写真帖』藤本兼吉，1911年。

網野善彦『「日本」とは何か』講談社，2008（2000）年。

アンダーソン　ベネディクト（白石さや・白石隆訳）『定本　想像の共同体：ナショナリズム
　　の起源と流行』書籍工房早川，2007［1983］年。

石原俊「小笠原諸島をめぐる人の移動」吉原和男ほか編『人の移動事典：日本からアジアへ・
　　アジアから日本へ』丸善出版，2013年。

市川誠一「北方郷土人の成長」『樺太』第14巻第8号，1942年。

岩下明裕『入門　国境学：領土，主権，イデオロギー』中央公論新社，2016年。

ヴィシネフスキー　ニコライ（小山内道子訳）『トナカイ王：北方先住民のサハリン史』成文社，
　　2006［1994］年。

上田信『歴史総合パートナーズ1　歴史を歴史家から取り戻せ！：史的な思考法』清水書院，
　　2018年。

浦野起央編著『20世紀世界紛争事典』三省堂，2000年。

遠藤正敬『近代日本の植民地統治における国籍と戸籍：満洲・朝鮮・台湾』明石書店，2010年。

遠藤正敬『戸籍と国籍の近現代史：民族・血統・日本人』明石書店，2013年。

王中忱「間宮林蔵は北の大地で何を見たのか」姫田光義編『北・東北アジア地域交流史』有
　　斐閣，2012年。

カー　E.H.（清水幾太郎訳）『歴史とは何か』岩波書店，1962［1961］年。

郭璞（高馬三良訳）「山海経序」『抱朴子 列仙伝 神仙伝 山海経』平凡社，1969年。

神長英輔『「北洋」の誕生：場と人と物語』成文社，2014年。

樺太アイヌ史研究会編『対雁の碑：樺太アイヌ強制移住の歴史』北海道出版企画センター，
　　1992年。

樺太庁編『樺太庁施政三十年史』樺太庁，1936年。

吉川元『国際平和とは何か：人間の安全を脅かす平和秩序の逆説』中央公論新社，2015年。

楠家重敏『「歴史とは何か」の歴史』晃洋書房，2016年。

倉田有佳「ビリチとサハリン島：元流刑囚漁業家にとっての日露戦争」原暉之編『日露戦争
　　とサハリン島』北海道大学出版会，2011年。

倉田有佳「樺太残留ロシア人との関りから考える明治末年の東京の「ロシヤパン」ブーム」『パン文化研究』第2号，2019年。

厚生省援護局編『引揚げと援護三十年の歩み』厚生省，1977年。

小森陽一『ポストコロニアル』岩波書店，2001年。

サヴェーリエヴァ エレーナ（小山内道子訳，サハリン・樺太史研究会監修）『日本領樺太・千島からソ連領サハリン州へ：一九四五年一一九四七年』成文社，2015［2012］年。

坂上康俊『律令国家の転換と「日本」』講談社，2009（2001）年。

坂田美奈子『歴史総合パートナーズ5　先住民アイヌはどんな歴史を歩んできたか』清水書院，2018年。

佐々木史郎「ヘジェ・フィヤカ・エゾ」佐々木史郎，加藤雄三編『東アジアの民族的世界：境界地域における多文化的状況と相互認識』有志舎，2011年。

佐々木史郎，加藤雄三「東アジアの境界地域における民族的世界」佐々木史郎，加藤雄三編『東アジアの民族的世界：境界地域における多文化的状況と相互認識』有志舎，2011年。

沢田和彦「民族学者ブロニスワフ・ピウスツキとサハリン島」原暉之編『日露戦争とサハリン島』北海道大学出版会，2011年。

塩出浩之『越境者の政治史：アジア太平洋における日本人の移民と植民』名古屋大学出版会，2015年。

篠田謙一『DNAで語る日本人起源論』岩波書店，2015年。

シュラトフ　ヤロスラブ「ポーツマスにおけるサハリン：副次的戦場から講和の中心問題へ」原暉之編『日露戦争とサハリン島』北海道大学出版会，2011年。

スミス　アントニー.D（高柳先男訳）『ナショナリズムの生命力』晶文社，1998［1991］年。

千徳太郎治『樺太アイヌ叢話』市光堂，1929年。

醍醐龍馬「榎本武揚と樺太千島交換条約（一）（二）：大久保外交における「釣合フヘキ」条約の模索」（『阪大法学』第65巻第2，3号（通巻第296，297号），2015年。

醍醐龍馬「戊辰戦争期日露関係と樺太：雑居地をめぐる植民競争」『東アジア近代史』第23号，2019年。

竹野学「保障占領下北樺太における日本人の活動（1920〜1925）」『北海道大学　経済学研究』第62巻第3号，2013年。

竹野学「樺太からの日本人引揚げ（1945〜49年）：人口統計にみる」今泉裕美子ほか編『日本帝国崩壊期「引揚げ」の比較研究』日本経済評論社，2016年。

田中了，ダーヒンニェニ　ゲンダーヌ『ゲンダーヌ：ある北方少数民族のドラマ』現代史出版会，1978年。

田村将人「先住民の島・サハリン：樺太アイヌの日露戦争への対処」原暉之編『日露戦争とサハリン島』北海道大学出版会，2011年。

田村将人「環オホーツク海域の境界変動とそこで暮らしてきた人びと：先住民族，とくにアイヌの視座から」『現代思想』第40巻17号，2012年。

チェーホフ（中村融訳）『サハリン島　（上）（下）』岩波書店，1953［1895］年。

帝国書院編集部編『新詳高等地図』帝国書院，2018年。

ディーナー A.C.，ヘーガン J.（川久保文紀訳）『境界から世界を見る：ボーダースタディーズ入門』岩波書店，2015［2012］年。

富田武『シベリア抑留者たちの戦後：冷戦下の世論と運動　1945-56年』人文書院，2013年。

冨谷至『漢倭奴国王から日本国天皇へ：国号「日本」と称号「天皇」の誕生』臨川書店，2018年。

仲摩照久『日本地理風俗大系　第14巻　北海道および樺太』新光社，1930年。

中村和之「骨鬼・苦兀・庫野：中国の文献に登場するアイヌの姿」佐々木史郎，加藤雄三編『東アジアの民族的世界：境界地域における多文化的状況と相互認識』有志舎，2011年。

中山大将「樺太移民社会の解体と変容：戦後サハリンをめぐる移動と運動から」『移民研究年報』第18号，2012年。

中山大将「サハリン残留日本人：樺太・サハリンからみる東アジアの国民帝国と国民国家そして家族」蘭信三編著『帝国以後の人の移動：ポストコロニアリズムとグローバリズムの交錯点』勉誠出版，2013年。

中山大将「亜寒帯植民地樺太の移民社会形成：周縁的ナショナル・アイデンティティと植民地イデオロギー』京都大学学術出版会，2014年。

中山大将「旧住民から見たサハリン島の戦後四年間」サヴェーリエヴァ エレーナ（小山内道子訳，サハリン・樺太史研究会監修）『日本領樺太・千島からソ連領サハリン州へ：一九四五年－一九四七年』成文社，2015［2012］年。

中山大将「中華民国および中華人民共和国におけるサハリン樺太史研究：台湾と大陸における庫頁島中国固有領土論の系譜」『近現代東北アジア地域史研究会News Letter』第29号，2017年。

中山大将「樺太のエスニック・マイノリティと農林資源：日本領サハリン島南部多数エスニッ

ク社会の農業社会史研究」『北海道・東北史研究』第11号，2018年。

中山大将『サハリン残留日本人と戦後日本：樺太住民の境界地域史』国際書院，2019年。

西川長夫「国民国家論」子安宣邦『日本思想史辞典』ぺりかん社，2001年。

日本国外務省，ロシア連邦外務省共編『日露間領土問題の歴史に関する共同作成資料集』日本国外務省，ロシア連邦外務省，1992 年。

原卓也監修『ロシア』新潮社，1994年。

原暉之「日露戦争後ロシア領サハリンの再定義：一九〇五〜一九〇九年」原暉之編『日露戦争とサハリン島』北海道大学出版会，2011年。

原暉之，天野尚樹編『樺太四〇年の歴史』全国樺太連盟，2017年。

ブルーベイカー　ロジャース（佐藤成基ほか訳）『グローバル化する世界と「帰属の政治」：移民・シティズンシップ・国民国家』明石書店，2016年。

松浦茂『清朝のアムール政策と少数民族』京都大学学術出版会，2006年。

李炳律『サハリンに生きた朝鮮人：ディアスポラ・私の回想記』北海道新聞社，2008年。

渡部忠世『日本のコメはどこから来たのか：稲の地平線を歩く』PHP研究所，1990年。

外国語文献

NAKAYAMA Taisho, Japanese Society on Karafuto, in ed. Svetlana Paichadze, Philip A. Seaton, *Voices from the Shifting Russo-Japanese Border: Karafuto / Sakhalin*, Oxon: Routledge, 2015.

*Малый Атлас России*, Москва: Росмэн, 1999.

中国社会科学院《中国历史地图集第八册》中国地图出版社，1987年。

図版出典

本書関連年表　　　筆者作成

本書関連地図　　　筆者作成

図1　帝国書院編集部編『新詳高等地図』帝国書院，2018年，1頁

図2　*Малый Атлас России*，Москва：Росмэн，1999，c71. に方角表示と縮尺表示を加筆

図3　中国社会科学院《历史地图集第八册》中国地图出版社，1987年，1〜2頁

図4　筆者撮影（2016年）

図5　Alamy（「皇輿全覧図」中の「黒龍江口図」，ソウル大学図書館蔵）

図6　Alamy（Sr. d'Anville. *Carte générale de la Tartarie Chinoise*, 1734. フランス国立図書館蔵）

図7　「蝦夷国全図」（『三国通覧図』の全5舗の内，第4舗 部分）西尾市岩瀬文庫所蔵

図8　Alamy（*Atlas du voyage de La Pérouse.* フランス国立図書館蔵）

図9　秋月俊幸『日本北辺の探検と地図の歴史』（北海道大学図書刊行会，1999年，187〜195，203〜214，285〜294，317〜323頁）を参照して筆者作成

図10　イアン・バーンズほか『アジア大陸歴史地図』東洋書林，2001［1998］年，114〜115頁を参照して作成

図11　『樺太と漁業』樺太定置漁業水産組合，昭和6年，国立国会図書館蔵（国立国会図書館デジタルコレクション　http://dl.ndl.go.jp/　より）

表1　中山大将『亜寒帯植民地樺太の移民社会形成：周縁的ナショナル・アイデンティティと植民地イデオロギー』京都大学学術出版会，2014年，65頁に加筆

図12　千徳太郎治『樺太アイヌ叢話』市光堂，1929年

図13　仲摩照久『日本地理風俗大系　第14巻　北海道および樺太』新光社，1930年

図14　秋山審五郎『樺太写真帖』藤本兼吉，1911年

図15　一般社団法人全国樺太連盟提供

表2　NAKAYAMA Taisho, Japanese Society on Karafuto, in ed. Svetlana Paichadze, Philip A. Seaton, *Voices from the Shifting Russo-Japanese Border: Karafuto / Sakhalin*, Oxon: Routledge, 2015, p. 27.

図16　筆者作成

図17　中山大将『サハリン残留日本人と戦後日本：樺太住民の境界地域史』国際書院，2019年，151頁

表3　中山大将「樺太移民社会の解体と変容：戦後サハリンをめぐる移動と運動から」『移民研究年報』（第18号，2012年，109頁）を筆者が修正

## 著 者

# 中山 大将

なかやま　たいしょう

1980年，北海道生。京都大学大学院農学研究科博士課程修了。京都大学博士（農学），北海道大学博士（文学）。現在，北海道大学大学院経済学研究院准教授（執筆時，釧路公立大学講師），北海道大学スラブ・ユーラシア研究センター境界研究共同研究員，同志社大学人文科学研究所嘱託研究員。専攻は，農業史，移民史，境界地域史，地域経済史。
主要著書
『亜寒帯植民地樺太の移民社会形成：周縁的ナショナル・アイデンティティと植民地イデオロギー』京都大学学術出版会，2014年。
『サハリン残留日本人と戦後日本：樺太住民の境界地域史』国際書院，2019年。

## 編 集 委 員

上田信

高澤紀恵

奈須恵子

松原宏之

水島司

三谷博

歴史総合パートナーズ⑩

国境は誰のためにある？─境界地域サハリン・樺太─

定価はカバーに表示

2019年12月 9 日　初　版　第 1 刷発行
2024年12月13日　初　版　第 2 刷発行

著　者　中山　大将

発行者　野村　久一郎

印刷所　法規書籍印刷株式会社

発行所　株式会社　清水書院

〒102─0072

東京都千代田区飯田橋3─11─6

電話　03─5213─7151㈹

FAX　03─5213─7160

https://www.shimizushoin.co.jp

カバー・本文基本デザイン／タクティクス株式会社

乱丁・落丁本はお取り替えします。　　　　ISBN978─4─389─50112─9

本書の無断複写は著作権法上での例外を除き禁じられています。また，いかなる電子
的複製行為も私的利用を除いては全て認められておりません。

# 歴史総合パートナーズ

① 歴史を歴史家から取り戻せ！—史的な思考法—　　上田信

② 議会を歴史する　　青木康

③ 読み書きは人の生き方をどう変えた？　　川村肇

④ 感染症と私たちの歴史・これから　　飯島渉

⑤ 先住民アイヌはどんな歴史を歩んできたか　　坂田美奈子

⑥ あなたとともに知る台湾—近現代の歴史と社会—　　胎中千鶴

⑦ 3・11後の水俣／MINAMATA　　小川輝光

⑧ 帝国主義を歴史する　　大澤広晃

⑨ Doing History：歴史で私たちは何ができるか？　　渡部竜也

⑩ 国境は誰のためにある？—境界地域サハリン・樺太—　　中山大将

⑪ 世界遺産で考える5つの現在　　宮澤光

⑫「国語」ってなんだろう　　安田敏朗

⑬ なぜ「啓蒙」を問い続けるのか　　森村敏己

⑭ 武士の時代はどのようにして終わったのか　　池田勇太

⑮ 歴史からひもとく竹島／独島領有権問題　　坂本悠一
　　　—その解決への道のり—

⑯ 北方領土のなにが問題？　　黒岩幸子

⑰ 民主化への道はどう開かれたか—近代日本の場合—　三谷博

以下続刊